管家琪◎著 陳又淩◎圖

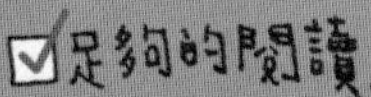

☑寫作練習.

☑好點子收集.

☑詞彙的累積.

前言 作文到底該怎麼教呢？

◎管家琪

記得在我小的時候，每周都有一堂「說話課」。上這堂課的時候，並不是說小朋友們就可以盡情的嘰嘰喳喳、愛怎麼說就怎麼說，而老師就坐在一邊涼快，通通都不管了，不是這樣的。所謂「說話課」，其實是老師要訓練小朋友的口語表達能力。畢竟，在

台下隨便亂說是很容易的，可是要站在台前，也就是要站在大家的面前，儀態大方，兩腿不抖，心跳正常，最好還要能夠面帶微笑（就算不笑，至少也要表現出誠懇親切的樣子），然後用適當的語速和音量，舌頭一點也不打結地把一段話、一個意思表達清楚，這可不是簡單的事，所以才需要訓練。

為了訓練小朋友的口語表達能力，老師往往會來一場即席演講，把幾個題目（通常會事先告訴大家）放在一個小籃子裡，再隨機陸續抽幾個學生出來。每個「中獎」的學生在上台之後，先從小籃子裡抽出一個演講題目，稍做準備就得立刻來一個兩、三分鐘的即席演講。

講得好的小朋友都有一個共同的特點，那就是他們都比較認

真。每次老師一公布哪幾個即席演講的題目，他們就趕緊把題目抄下來，回家以後對每一個題目都先認真地做一番準備，這樣在上說話課的時候，萬一被老師抽到，上台之後，不管自己是抽到哪一個題目，就都能夠胸有成竹，知道該怎麼說。

如果沒有先做好準備，那等上說話課的時候就很緊張了，只能不斷地祈禱老師不要抽到自己。（相反地，對那些做好準備的小朋友來說，如果老師沒抽到自己，也許反而還會覺得有些遺憾呢。）

站在大家的面前說話，看著那麼多雙眼睛全部都在瞧著自己，確實很容易緊張。要怎麼樣才能降低這種緊張呢？卡內基說得好，

訣竅很簡單，最重要的就是要先做好充分的準備。

其實，作文也是一樣的。

我們不妨先回過頭來看看，一般來說，我們每個人都有兩種表達能力，一個是用說的，我們稱之為口語表達能力；另一個是用寫的，我們稱之為文字表達能力，這就是作文。

每個人都有與他人交流的需要，所以我們必須具備一定的表達能力。藉由口語和文字表達，我們才能和別人交流，才能讓別人理解我們的種種想法；而表達能力比較好的人，他的語感也會比較好，對於理解別人種種想法的能力相對來講也會比較強。

我們要說話之前，必定是在心裡先有一個意念，然後在腦袋裡選擇適當的用詞和表達方式，把這個意念盡可能清楚地說出來。同樣的，什麼是作文呢？作文就是用文字把你心中的意念，把你看到的、想到的、感覺到的寫下來，如此而已。

所謂「作文」的定義，絕不只是小朋友應付老師、應付考試的東西，生活裡處處都有作文的機會，小至寫一個紙條，寫一封電子郵件，或者寫一份報告，擬一份計畫……，只要是

形諸文字、用文字來表達意念的，都是作文。

很多人也許會說，作文（或者說寫作）需要天分，沒辦法教，實際上，「作家」也許沒辦法教，但是起碼的作文怎麼會沒辦法教呢？再說，小學階段的語文教育，目的也不應該是在培養作家，而是要讓孩子們具備一定的文字表達能力，還要讓孩子們知道擁有良好文字表達能力的重要。如果文字表達能力不錯，將來不管是從事哪一個行業，都會表現得比較出色。

不過，作文到底該怎麼教呢？很多老師都認為這是一個很頭痛的問題。

從二〇〇六年開始，應馬來西亞「董總」（全名為「馬來西亞華校董事聯合會總會」）的邀請，我每年三月都會到馬來西亞帶小

朋友的寫作營活動，今年（二〇一〇）已是第四屆，參加的小朋友四屆累計下來已超過兩千人。這一、兩年來，我把這些課程也在台灣上過，反應也都滿不錯的。現在，我把課程內容最重要的部分整理出來，提供給所有對作文教學有興趣的大朋友；如果大家覺得管用，歡迎多多利用，畢竟，這麼一來直接受惠的就是我們的孩子。

我衷心盼望每一個孩子首先都能不要害怕作文，進而會喜歡作文、喜歡書寫。當我們在書寫的時候，心總是相當沉靜的；而能夠靜得下來，這對任何人都會有好處，對一個孩子的成長，尤其會有極大的幫助。

此外，需要特別補充的是，為了便於說明，我在這本書裡選用了二十八篇小朋友的作文，全是近年來、大部分都是今年「第五屆

馬來西亞少兒創意作文徵文比賽」得獎的作品。這個活動由董總主辦，每年參加的小朋友都在一千五百至二千件之間。

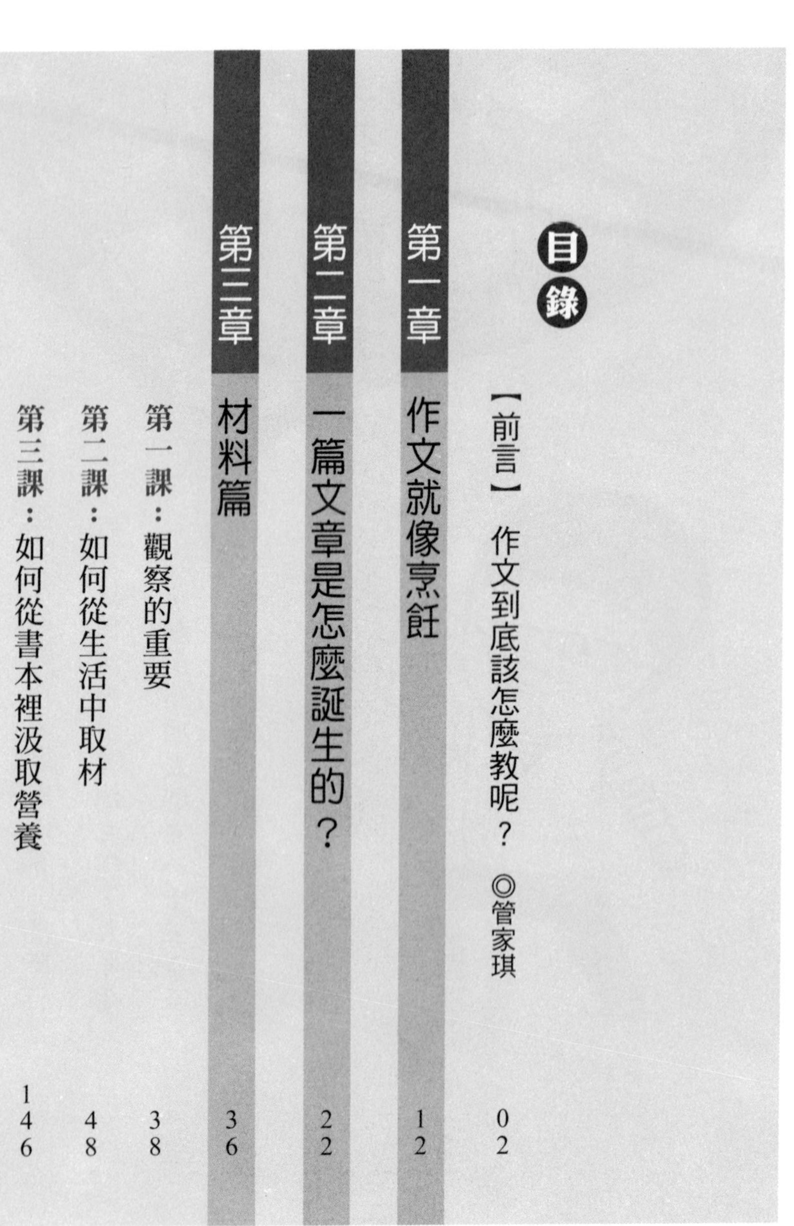

目錄

精神奕奕
沾沾自喜
副詞
成語

第一章 作文就像烹飪

不亦樂乎

哄堂大笑

形容詞

第一章 作文就像烹飪

我在開始和小朋友談作文之前，會先要小朋友開菜單。我會跟小朋友說：「假設今天晚上家裡要請客，家裡只有米，媽媽要你幫忙出去買菜，可是買了半天等你回來的時候，菜籃裡只有雞蛋，那晚上媽媽該怎麼辦？能做什麼來招待客人呢？」

只有米和雞蛋，可以做什麼？

「蛋炒飯！」這大概是小朋友普遍第一個想到的答案。

「蛋包飯！蛋花粥！」這兩樣也不錯。

還有呢？接下來的設計和安排，聽起來就很勉強了，比方說，「荷包蛋配白飯！滷蛋配白飯！水煮蛋配白飯！」

還有呢？

「沒有了。」小朋友說。有的小朋友還會「抗議」道：「就只有這麼兩樣東西，能做什麼呀！」

然後，我又跟小朋友說：「假設你的菜籃裡有雞肉、牛肉、豬肉、蝦、青椒、胡蘿蔔、青豆、高麗菜和雞蛋，還有一條魚，那麼，媽媽可以做哪些菜？」

（我把這些食物，其實也就是材料，通通寫在黑板上，然後讓小朋友開始安排菜單。）

小朋友們很快地就七嘴八舌地開出一大串菜單：滑蛋蝦仁、青椒牛肉、回鍋肉（用到了豬肉和高麗菜）、青豆蝦仁、胡蘿蔔燉牛肉、清炒高麗菜、胡蘿蔔丁炒青豆、炸雞、滷雞腿（加上滷蛋）、雞湯……，至於那條魚，一般都是想把它清蒸或是紅燒，也有的小朋友想做青椒炒魚片。

把這些菜單一一寫在黑板上，大家就會發現，同樣的材料，每個人開出來的菜單都不盡相同，為什麼會這樣呢？

答案很簡單，因為大家的喜好不同（比方說我就很喜歡滑蛋蝦仁這道菜！），還有就是每個人的生活經驗不同（比方說，我就是到上了國一，有一次在同學家吃飯，才發現原來這個世界上居然還有洋蔥和苦瓜這兩種菜！因為我媽媽不吃洋蔥和苦瓜，所以我們家的餐桌上從來就沒見過這兩種菜。）

不過，不管怎麼樣，大家都同意，現在菜籃裡的東西多了，要開菜單就很容易了。想想剛才只有雞蛋和白米，更加覺得因為材料太少，能變的花樣就實在有限。所謂「巧婦難為無米之炊」，確實是很有道理。

作文也是一樣的。

作文，實際上就是在解決兩件事，一個是「寫什麼？」，另一個是「怎麼寫？」「寫什麼？」就好比要先從菜籃裡翻翻撿撿，先挑出你想要的材料；「怎麼寫？」

則是要好好的動動腦筋，該怎麼樣最妥善的來安排你挑出來的材料。

當然，也很可能在你挑出材料的時候就已經想好要怎麼處理它了，但那往往只是一個初步的想法，到了真正處理的時候一定可以想得更細緻些。

可嘆的是，每當我問小朋友，「寫什麼？」和「怎麼寫？」這兩件事，哪一個較難？幾乎絕大多數的小朋友都認為「怎麼寫？」比較難！這實在是一個極大的謬誤！

（不過，當我有機會和老師們交流作文教學，當我問老師們同樣的問題時，總是讓我非常驚訝的發現，老師們竟然也是絕大多數都認為「怎麼寫？」比較難！於是我這才明白小朋友錯誤的觀念究竟是從哪裡來的了！難怪有一句話說，孩子是大人的一面鏡子，真的一點也不錯，從孩子們的身上，我們往往可以很清楚、很具體的看到大人本身的問題。）

怎麼會是「怎麼寫？」比較難呢？我們再回頭想想，如果把作文比做是烹飪，想想當你的菜籃裡幾乎空空如也，只有雞蛋，回家配上白米，你能變出多少花樣？——當然是「寫什麼？」這件事要難得多啊，「寫什麼？」也是作文的起步，想要寫作文，首

先就要先解決這個問題。就好像你必須先有了足夠的材料，我們才有可能把材料充分運用，來設計一份最棒的菜單，否則你就算是有再高明的想法、再精湛的廚藝，也派不上用場啊。

很多小朋友所謂的作文，一看就知道他（她）的小腦袋瓜裡真的是空空如也，這個時候你要跟他談什麼作文技巧？就算他知道了一大堆所謂作文技巧的專有名詞，又怎麼用得出來呢？

近代大作家梁實秋在〈作文的三個階段〉一文中也說：「我們初學為文，一看題目，便覺一片空虛，搔首踟躕，不知如何下筆。無論是以『人生於世……』來開始，或以『時代的巨輪……』來開始，都感覺得文思枯澀難以為繼，即或搜索枯腸，敷衍成篇，自己也覺得內容貧乏索然寡味。胡適之先生告訴過我們：『有什麼話，說什麼話，該怎麼說，就怎麼說。』我們心中不免暗忖，本來無話可說，要我說些什麼？……」

是啊，其實無論是小朋友或是大朋友，面對要寫一篇文章的時候，最頭疼的往往就是——我到底要說（寫）些什麼？

無話可說，就像拎著一個空空如也的菜籃，是怎麼樣也變不出什麼花樣的。

因此，我們必須讓孩子們先有正確的觀念：

想要寫好作文，平常就要積極的做好準備。並不是當老師規定我們要寫一篇作文，或是碰到考試，當我們看到作文題目的時候才開始作文，事實上我們平時就應該不斷地在為作文做準備。

很多小朋友常常會問：「我一看到題目，常常都不知道該怎麼寫，這怎麼辦？」

怎麼辦？這個時候實在已經很難辦了。所以我們才要在平時就要不斷地在做準備。

怎麼準備呢？我建議小朋友找一個輕薄短小、便於攜帶的小本子，作為你固定的「靈感簿」，盡可能隨身攜帶，這個靈感簿就好比是我們作文的「小菜籃」，當我們在偶然之間聽到了什麼、看到了什麼、想到了什麼，就趕快不怕麻煩地往這個小本子裡記（也就是往「小菜籃」裡裝），這些隨手記下來的點點滴滴就是很珍貴的作文素材，沒事的時候我們還可以把這個小本子常常拿出來翻一翻、看一看、想一想，哪些素材可以延伸，哪些素材又可以合併處理。

我們每一個人的思緒都是很跳躍的，不受控制的，誰也不知道什麼時候可能會冒出來一個很不錯的想法，所以我們才需要處處留心。如果等到課堂上或考試的時候，才坐在那裡空等靈感是絕對靠不住的，一定要在平時就積極的去捕捉靈感。而且我一直很相信，只要是記在本子上的東西，不僅不會搞丟（因為你還可以經常地看看啊），記下來之後還能自然而然地進入到我們的潛意識中去慢慢醞釀，一旦醞釀成熟，迸發出來，這個時候我們就會有靈光乍現的感覺。

總之，作文就像烹飪，想要學習如何煎魚，首先要有一條魚；想要學習如何料理、如何提高自己的廚藝，先要準備好足夠的材料。所以，先讓小朋友準備好自己作文的「小菜籃」吧。有了材料，我們才能來進一步討論技巧問題。

第二章

一篇文章是怎麼誕生的？

天下沒有白吃的午

第二章
一篇文章是怎麼誕生的？

先跟大家說一個故事。這個故事叫作「最有智慧的話」。

有一個國王，在他晚年的時候，把全國最有智慧的學者召集起來，想要做一件大事。

「我希望你們能夠把天下最有智慧的故事全部收集在一起，讓我的百姓們都來閱讀，都來學習智慧。」國王說。

學者們馬上就全心全意的投入工作，經過一段時間的努力，精心編出了十大卷《智慧書》，每一卷都有十本。

國王認真看過之後，對學者們說：「你們辛苦了，你們做得很好，但是現在我考慮到我的百姓們一個個程度不同，一定也沒有那麼多的時間，如果要求每個人都能讀完這十大卷是不可能的，你們能不能把這十大卷濃縮一下呢？」

學者們聽了國王這番話，大概都覺得要昏倒，但是他們還是咬咬牙，又經過一番努力，忍痛把十大卷濃縮成一本《智慧書》，書中一共分了十個章節。

「很好，」國王說：「能不能再濃縮一點呢？」

學者們面面相覷，沒人敢抗議，只好還是回去默默勤奮地工作，把一本厚厚的《智慧書》濃縮成一個章節，事實上也就是一篇文章，題目改成「論智慧」，裡頭有十個小節。

大家都想，這下總可以了吧！

沒想到，國王竟然像是要存心整他們似的，仍然要求道：「還能再濃縮一點嗎？」

學者們都快瘋了！怎麼辦呢？沒辦法，只好繼續努力，把一篇本來有十個小節的長文，濃縮成一個小節，也就是一篇短文，題目叫作「談智慧」。

這篇短文一共只有三個段落。

國王說——你一定猜到國王要說什麼了吧？沒錯，國王還是那句話：「能不能再濃縮一點？」

好吧，學者們只得再硬著頭皮把三段濃縮成一段，題目也再度修正，叫作「什麼是智慧？」

大家都想，現在都只剩下一個段落，充其量只剩下幾個句子了，應該沒有辦法再濃縮了吧！

然而，國王似乎想存心整死他們，看了這幾句話之後，想了一想，仍然固執地說：「請你們再濃縮一下！」

最後，這些大學者們終於還是完成了這個看似沒完沒了的任務，濃縮成一句「最有智慧的話」。

到這個時候，國王也終於滿意了，高興地說：「很好，只有一句話，不管我的百姓程度如何、有沒有時間，來看這一句話總是可以的，至於他們能夠從中獲得多少啟發，那就要看他們自己的悟性了。」

那麼，這句「最有智慧的話」到底是什麼呢？

我可以先告訴你，它是由九個字所組成的。

哪九個字？分別是「白」、「天」、「沒」、「的」、「餐」、「下」、「午」、「有」、「吃」。

反應快的人，應該一眼就可以看得出來，這句最有智慧的話就是——「天下沒有白吃的午餐」。

我很喜歡這個故事。而且我覺得這個故事剛好可以很好的告訴我們，一篇文章是怎麼誕生的？

請大家再想想，如果作文就像烹飪，除了要有材料（文章的素材），和基本廚藝（面對素材該如何安排有基本的想法）之外，還需要什麼？

對了，當然就是鍋碗瓢盆這些工具呀！那麼，當我們在腦海裡已經有了一個意念，也知道該怎麼處理（也就是該怎麼寫）之後，字、詞、成語、俗語等等以及標點符號，就是我們的工具，如果沒有這些工具，再好的意念還是只能繼續待在我們的腦海裡，頂多我們能夠說出來，但是再怎麼樣也不可能成為一篇文章；就算是我們說出來，找個人幫我們記錄，記錄出來的東西也絕不可能成為一篇夠格的文章。

正如我們在〈前言〉中所說，每個人一般都有兩種表達能力，一個是用說的，一個是用寫的；說的時候，結構總是比較鬆散，說得也比較隨意、比較囉唆，甚至還常常出現詞不達意、句子不通的情況，但是既然是用說的，只要讓聽的人能夠明白你的意思就可以了（譬如演講），如果要把同一個想法形諸文字，當我們在下筆的時候，就一定還要經過一個思考的階段，要選擇最適當的字和詞、用最清楚簡明的方式，才能把存在於腦海中的想法落實到紙上（或是電腦上）。所以，那些根據演講錄音直接整理出來的稿子是根本不能看的，道理也就在於此。

世界上的文字雖然多種多樣，大體來說可以分為「表意」和「標音」兩大文字體系，中文屬於表意文字，每一個字都有它既定的意思；比方說，「白」是光明（如「東方發白了」、日間（如「白天」）、空無所有（如「交白卷」）等意思，「吃」則是食、飲（如「吃飯」、「吃茶」）等。可是當「白」和「吃」這兩個字聯繫在一起，組成「白吃」這個詞的時候，就變成了一個新的意思，大家都知道就是「吃了人家的飯卻故意不給錢」，是一種很惡劣的行為。而「吃了人家的飯卻故意不給錢」，這個意思如果光是只有一個「白」或是一個「吃」都不能表達，一定要把這兩個字連在一起變成一個詞才行。

我又想到一個有趣的故事。這是關於大名鼎鼎的書法家于右任先生的一則軼事。

據說，有一個人一直想要一幅于右任的字。有一天，他請于右任吃飯，席間刻意把

于右任灌醉，然後趁著于右任暈暈乎乎的時候，趕快把文房四寶拿出來請于右任揮毫，結果，于右任果然一揮而就，寫了一句話。主人很高興，可是再仔細一看，差點兒沒昏倒！原來這句話竟然是──「不可隨處小便」。

天啊！以書法的眼光來看，這六個字當然是每一個字都寫得很棒啦，問題是，這樣的一句話到底該掛在哪裡啊？

後來，這個人靈機一動，竟然把這句話、這六個字，全部打散，重新排列，變成另外一句話，叫作──「小處不可隨便」。

小處不可隨便，這句話就很有哲理啦，就很適合掛出來了。

是不是很奇妙？同樣的六個字，打散之後，組成不一樣的詞，結果就產生了完全不同的意思。

現在我們不妨再回頭想想「最有智慧的話」那個故事，最初學者們交出來的那十大卷《智慧書》是怎麼產生的呢？是不是也是先有一個想法、一個整體的規畫之後，然後開始一個字一個字、一個詞一個詞的寫，慢慢地寫了一段、兩段，然後是一節、兩節，一章、兩章，接著是一本、兩本，到最後十大本成一卷，居然弄出了十大卷！

所謂「千里之行，始於足下」，應該也就是這個意思吧！不管你是想要寫多麼驚人的鴻篇巨製，在構思成熟之後，還不是也得要一個字一個字、一個詞一個詞的慢慢寫出來嗎？有一個詞，叫作「筆耕」，我覺得真的是把寫作的一種狀態比喻得非常傳神；當然，這也許是電腦時代的年輕人比較難以體會的。科技就是這樣，在為我們帶來新的便利和樂趣的同時，其實也剝奪了我們某方面的快樂。就好像現在差不多人人都在寫部落格，人人都可以號稱是作家，但是過去看到自己寫的東西居然變成鉛字出現在報章雜誌上，那種巨大的快樂，大概也是現代作家們很難想像的。

所以，想要指導孩子們作文，大人本身首先一定要有正確的觀念，絕對不能心急，別忘了「天下沒有白吃的午餐」，作文能力的提升是要慢慢累積的，不可能速成，拜託別再急著一上來就想要教孩子們什麼作文技巧了！那樣肯定是會事倍功半的，還會把孩

子們的胃口弄壞，讓孩子們害怕、甚至是討厭作文。還是把重點放在加強孩子們的基本功吧！有很多很有趣的文字遊戲般的故事（就比方說剛才說的把「不可隨處小便」變成「小處不可隨便」的故事），顯然都是要對那些字和詞相當嫻熟，才可能如此變化自如，進而發揮創意。

加強基本功，看似緩慢，實際上這才是一條最扎實、也是最有效的路。我常常跟小朋友說，別看成龍、李連杰、甄子丹這些武打明星現在都這麼厲害，在每一部電影中都要不斷創新武打場面，他們當年不也是從蹲馬步這些基本功開始練起的嗎？（如果不會基本功、不會武術，就只能靠電腦特效了，就好像《駭客任務》中的基諾李維。）

◎ ◎ ◎

在這一章要結束之前，讓我們再整理一下。

一篇文章是怎麼誕生的？

首先，我們需要素材，其次，我們需要工具，也就是字、詞、成語、俗語等等，以及標點符號。

現在，我特別要強調一下標點符號的重要。

很多小朋友都不注意標點符號，常常一個句子一口氣都念不完還不曉得應該打個逗點；要不然就是明明一句話還沒有說完，應該打逗點的地方卻偏偏畫上了一個句點，造成語句中斷、語意不清；或者老喜歡濫用驚嘆號，以為驚嘆號用多了就可以製造出驚奇的效果，實際上驚嘆號用得太多、太爛，只會顯得很傻。

標點符號非常重要。以小朋友的作文來說，如果能夠正確使用逗點、句點、驚嘆號、問號、冒號、上下引號等等這些基本的標點符號，將能大大地增加文章的節奏感；這些都是我們大人應該要教給孩子們的。

標點符號一旦用錯，還會造成誤會。

舉一個小例子。

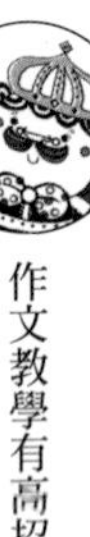

有位先生和太太吵了一架之後，打電話到花店訂了一束花，並交代附上一張卡片，送給老婆，想讓老婆消氣。他在電話中告訴花店的工作人員，卡片上就寫：「我很後悔，我愛妳！」

他滿心以為老婆收到鮮花，再看到卡片，一定會感動得不行，如此一來一場風波就可以算是過去了，沒想到一回家，看到老婆的表情，卻發現她好像更生氣了。這是怎麼回事呢？原來問題是出在那張卡片上。花店的工作人員竟然寫成：「我很後悔我愛妳！」

雖然只是少了一個小小的逗點，感覺和意思可就完全不同了啊。

再舉一個小例子。

我現在定居在大陸的南京。有一天，看到一則新聞，說有一個外地人，第一次來到南京，玩了幾天，別人問他對南京的印象，他說：「挺好挺好，特別是南京市長好熱情啊！」

別人一聽這個話，都覺得一頭霧水，畢竟，一般老百姓哪可能隨隨便便見到市長，說南京市長好熱情，這是從何說起啊？

原來，這個外地人是從歷史最悠久的那座長江大橋進入南京的，當他一看到一條掛在橋頭大大的橫幅，馬上就對南京市長產生了極大的好感；橫幅上寫著這麼幾個大字：「南京市長江大橋歡迎您！」

這句話從語意上來說，有兩個隱藏的逗點，應該是「南京市，長江大橋，歡迎您！」結果這位老兄把那兩個逗點放錯了地方，變成：「南京市長，江大橋，歡迎您！」

難怪他要直說南京市長好熱情了！

第二章

材料篇

第三章 材料篇

第一課：觀察的重要

關於寫作技巧，很多名家都說了很多。我覺得當年西南聯大的一位劉文典教授最酷，他把寫作技巧提煉成一個詞，這個詞是由五個字所組成的；提示一下，第一個字是「觀」。想想看，會是哪一個詞？

你的心裡可能已經想到一個詞，但是又可能會覺得不大有把握，你大概會有些疑惑，真的會是那個詞嗎？

以「觀」這個字開頭的，一共是五個字的一個詞——沒錯，就是「觀世音菩薩」。

這個詞怎麼會跟寫作技巧有關呢？劉文典教授是這麼解釋的：

所謂「觀」，是指要善於觀察。

所謂「世」，是指要明白世故人情，以小朋友比較能夠理解的說法就是要懂事。

所謂「音」，就是說文章要講究音韻。（確實，好的文章，一念出來，讓人聽著都會有一種優美的感覺。）

所謂「菩薩」，就是指作者本身要有菩薩般救苦救難的仁愛之心。

這麼一解釋，就會覺得以「觀世音菩薩」來概括寫作技巧是很有道理吧！

為什麼要舉這個例子呢？其實，幾乎所有談寫作技巧的名家，都會強調「觀察」的重要；我覺得用「觀世音菩薩」這個詞正好可以很恰當的來告訴小朋友，觀察是作文的起步，因為「觀」正好是這個詞的第一個字嘛，所以小朋友只要一想到這個詞，很容易就記得住「在下筆之前一定要先有一番觀察的工夫」。

為什麼說觀察是作文的起步？主要是基於兩個原因：

文章需要細節。

文章需要畫面。

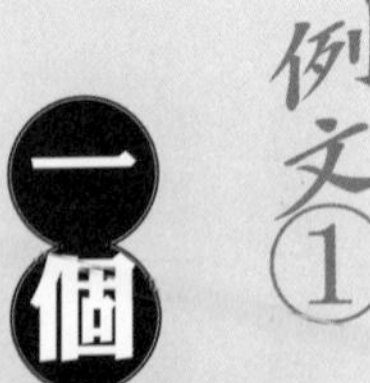

一個小書包

楊恩慧（小六）

一直以來，我的心裡有著一個欲望，我想擁有一個合心意的小書包。可是我走遍大街小巷，就是沒找到！

直到去年年終假期，當我到一家超級市場閒逛時，我看到一個非常美麗的小書包掛在架子上。我被它那美麗的外表深深地吸引住了。我走近一看，哇，它的價格令我咋舌！我知道以我家目前的經濟狀況，我們是不可能買這麼昂貴的小書包的。可是，這個小書包實在是太合我心意了！我仔細地端詳這小書包一陣子，才依依不捨地跟著媽媽走出超級市場。臨走前，我還不時地回頭看那掛在架子上的小書包。我的一舉一動全被媽媽看在眼裡。媽媽一句話也沒說，只催促我走得快一點兒，因為爸爸已在前方等著我們了。

第二天，媽媽瞞著我自個兒到那家超級市場將那個小書包買下。回到家，媽媽把小書包遞給我，並告訴我說她會買下這個小書包是為了獎勵我。因為我在去年的年終考試獲得好成績。我雀躍萬分地接過媽媽遞給我的小書包。此刻，我的心情是非筆墨所能形容的！

我的小書包有黑白相間的條紋，四條金黃色的拉鏈，每條拉鏈的尾端都掛著一隻米奇老鼠。小書包的前面還印上一隻色彩鮮豔的米奇老鼠的圖案，真是美麗極了！由於小書包的底部是白色的，所以我得不時為小書包洗澡，以確保

它的清潔。

今年開學的第一天，我第一次背著小書包去上學，同學們都向我投來羨慕的眼光，我不禁感到沾沾自喜。我不但背著小書包去上學，我還背著它上補習課呢！

這個小書包代表了媽媽對我的愛與期望。我會好好地珍惜它，讓它成為我學習路上的好夥伴！

這篇以描寫小書包為主題的文章，想想看，如果當我們一路讀下來，光是聽小作者說自己如何在超級市場對這個小書包「一見鍾情」，又是如何喜歡這個小書包，可是自始至終我們都看不到小作者對這個小書包有所描寫，我們就沒有辦法在腦海裡形成清晰的畫面。

不只是描寫物品需要畫面，描寫人物和地方也都需要畫面；這個畫面從何而來？自然就是要靠觀察。

觀察力的好壞，雖然有天生的不同，但是經過後天的訓練，還是可以得到一定程度的提升。

語文活動1-①：回想訓練①

這個訓練最好是能夠選擇一個小朋友並不是很熟悉的環境來進行，譬如像寫作營這樣的活動，參加的小朋友來自四面八方，對於上課的地點（也許是圖書館、或是某某作文教室）就不是很熟悉；如果你要面對的是自己班的小朋友，有沒有可能借用一下某班的教室，先讓小朋友自自然然地走進去，過個兩三分鐘，再讓小朋友安靜下來，閉上眼睛，回想一下剛才一路進來都看到了些什麼？接著要求小朋友仔細地想一想我們現在所在教室的樣子，想得愈細愈好，腦海中的畫面能夠愈具體愈好。我們還可以陸續提問：

後面的壁報上都畫了些什麼或貼了些什麼？黑板上都寫了些什麼？教室裡的課桌椅是排成幾排？教室裡有植物嗎？是哪一種植物？如果叫不出植物的名字，至少請描述一下植物的樣子，特別是葉片的模樣？教室牆壁上有張貼勵志性的話語嗎？如果有，那些勵志性的話又是什麼？有沒有注明是出自哪一個名人之口？……

語文活動1-②：回想訓練②

讓小朋友們口頭描述一下，在上學途中一路上都看到了什麼？

語文活動2-①：文字寫生（練習對物品的觀察）

讓小朋友先仔細看看自己的鉛筆盒，再把觀察所得寫下來。（包括樣式、大小、顏色、開啟方式、有沒有什麼特殊的設計、有沒有什麼小配件、拿在手裡的重量、裡面都裝些什麼等等。）

語文活動2-②：文字寫生（練習對人物的觀察）

讓小朋友用文字描述身邊的同學。（不要動不動就是「一雙水汪汪的眼睛」、「一雙會說話的眼睛」、或「櫻桃小嘴」等等。）

語文活動2-③：文字寫生（練習對地方、也就是對環境的觀察）

帶小朋友到校園的一角，讓大家先選定角度，再把觀察所得用文字描述一下。（其實這就像是美術課上的寫生，只是現在要小朋友練習用文字來代替畫筆，用文字把眼睛所看到的景致描述出來。）

◎　◎　◎

眼睛是我們最重要的器官；我們和外界所有的聯繫（在這裡是指資訊的獲得），最主要的管道之一還是要靠我們去觀察。可惜，很多人總是視而不見，即使看到了也好像

沒看到一樣。

觀察也是一切智慧的基礎。我們現在所熟知的很多俗諺，比方說，「端午未過，冬衣不可收。」意思是說，在還沒有過端午節之前，天氣還是有可能會忽冷忽熱，變化很大，所以不要急著把冬天的衣服收起來；各個民族在沒有文字的神話時代，老祖先們也是先觀察到許多自然界的現象，覺得困惑、甚至害怕，由於當時沒有科學知識能夠加以解答，於是只好運用幻想，創造了一個又一個的故事來解釋自然現象，譬如為什麼下過雨之後會有彩虹、為什麼打雷之前會先有閃電等等，這也是為什麼神話故事的想像總是特別奔放、特別精采豐富的原因，因為當時的世界一切都還很渾沌，人類的思維還不受任何知識約束，因此也就沒有什麼是不可能的；再比如牛頓如果沒有注意到從蘋果樹上掉下來的蘋果，怎麼會進一步發現萬有引力？儘管現在有人說這個故事的真實性待考，但是科學家們每當在有重大發現之前，肯定都是先觀察到一些細微、特別的現象，再慢慢去解開謎底，然後才終於明白了那個現象所代表的意義。

文字雖然是平面的，但是我們在寫人物、寫物品、寫景色的時候如果能夠有足夠的細節，就能營造出畫面感，整篇文章讀起來也就會比較生動豐富，不會那麼乾巴巴的。

比方說，「一個人」，光是這三個字，讀者連是男是女都不知道，腦海中怎麼可能會有畫面呢？如果是「一個女人」，小朋友可能會想到媽媽。如果是「一個老女人」，小朋友可能又會想到外婆或奶奶。如果我們再進一步描寫外婆或奶奶的體態、髮色、臉上的皺紋，經常因為肩膀疼而皺著眉頭捶著肩膀，上樓的時候走幾步就很喘，叫她的時候要走到她面前、把嘴湊到她的耳邊大聲說，她才聽得見，每天一吃完晚餐都會看見她把假牙拿下來，很認真的在刷……有了這一類的描述，讀者就可以透過平面的文字，彷彿看到了「老」的形象，這就是畫面。好的文章總是能夠給讀者畫面的。

第二課：如何從生活中取材

寫作是絕對離不開生活的。我們一定要給孩子們一個堅定的信念，讓他們相信每一個人都是一本故事書，裡頭總有一些曾經打動過我們的人、事、物，仔細挖掘和處理這些素材，寫成作文，就不難具備打動讀者的力量。

特別是在習作階段，我覺得最好還是不要鼓勵小朋友去寫所謂虛構的情節，這樣不僅雷同性高，比方說一看到要寫「一件難忘的事」，十個小朋友中就有九個都虛構自己撿到錢了，被老師誇獎「拾金不昧」，好難忘，這有什麼意思呢？很多小朋友所謂的虛構，其實都只是胡編亂造，而且由於小朋友的生活經驗有限，常常都是漏洞百出而不自知。或者小朋友以為非要寫一些什麼車禍、病重、死亡才能夠感人，實際上這種灑狗血式的「感人」，往往連小作者自己都感動不了，怎麼可能感動別人呢？更何況，如果張口胡說，拿起筆來就機械性的胡編亂造，作文能力是很難有所提升的。

文藝理論大師朱光潛先生在〈寫作練習〉一文中有一段很值得每一個有志於提升自己寫作能力的人，時時刻刻謹記在心的話：

「練習寫作有一個最重要的原則需牢記在心的，就是有話必說，無話不說，說需心口如一，不能說謊。文學本來是以語文為工具的表現藝術。心裡有東西要表現，才拿語文來表現。如果心裡要表現的與語文所表現的不完全相同，那就根本失去表現的功用。所謂「不完全相同」可以有兩個原因，一是作者能力不夠，一是他存心要說謊。如果是能力不夠，他最好認清自己能力的限度，專寫自己所能寫的，如是他的能力自然會逐漸增進。如果是存心說謊，那是入手就走錯了路，他愈寫就愈入迷，離文學就愈遠。許多人在文學上不能有成就，大半都誤在入手就養成說謊的習慣。」

朱光潛先生又說：「所謂『說謊』，有兩種涵義。第一是心那樣想而口裡不那樣說。……其次，說謊是強不知以為知。你沒有上過戰場，卻要描寫戰場的生活……」

朱先生這些忠告，不管是對大朋友或小朋友的寫作都同樣適用。我們一定要設法讓

小朋友學習如何從平凡的生活中去挖掘素材，如何小題大作，如何化平凡為神奇，如此才算能夠掌握作文最重要的竅門。

也許小朋友會說，我們每天的生活還不是千篇一律，就是上學、放學、補習、考試、比賽、打電動、挨罵、挨訓，外加吃飯、睡覺，有什麼好寫的呢？其實，小朋友的生活內容細分起來還是有不少主題可以寫的。下面我就列出二十個主題，每一個主題都配上一篇例文以及點評，讓大家看看，原來小朋友的生活也是滿豐富的。

要特別聲明的是，很多文章的重要元素當然都不只一個，不過我們是以主要的元素來區分。

寫親人

「親人」都是小朋友很熟悉的，容易下筆。

例文②

大姊與我

鄭宣寧（國二）

我家有兩隻老鼠，一隻大老鼠和一隻小老鼠。我相信大家一定都感到很疑惑，為什麼我家會出現了兩隻老鼠呢？其實，這裡的大老鼠是指大姊；而小老鼠是指我。我和大姊都是肖鼠的，年齡上相差了十二歲。我倆生性好動，貪吃又愛鬥嘴，難怪父母常說我倆是歡喜冤家。

雖說大姊比我大上了一輪，可是我們之間卻常常為一丁點兒的小事而爭

吵，不是搶心愛的加啡貓抱枕，就是爭食物。有時候，我倆也會為了一些雞毛蒜皮的小事而吵得面紅耳赤，互不相讓。

大姊專橫霸道、滿不講理，總要別人順從她的意願，她說一，你千萬別說二。有時為了遷就她，我只得讓步，或者隨意敷衍她。要不然呀，我的耳根子別想得到清靜了。

「你是最美的啦！」這句經典名句是大姊最盼望，也是最期待聽到的一句話。這一句話可了不起了！每當我把她惹得七孔生煙、怒火中燒時，這一句話不但使她頓時消了怒氣，說不定還會使她心花怒放，高興個老半天呢！這時燦爛甜美的笑容也會慢慢展現在她紅潤的臉頰上，兩個酒窩更襯托出她年經貌美的臉孔，我最愛她這時候的樣子了。

大姊生性愛整潔，她的東西絲毫動不得，要是我不小心弄亂了她的東西，她會大發脾氣，又喊又罵的，到時我就有得好受的了。我除了賠不是，還得把她的東西物歸原位。大姊雖然專橫霸道，愛強詞奪理，但她也有柔軟的一面。

依稀記得在一個下著傾盆大雨的晚上，我剛補完了習，正等候著爸爸來接我。可是，過了良久，還是不見爸爸的蹤影，我心裡急得直跺腳。眼看著同學一個個的離去，我心裡越感焦急。咦，這時我看到一個十分熟悉的面孔。呀，那不正是大姊嗎？她不顧滂沱大雨，撐著傘，迎著風，穿著短褲趕來接我回家，著實令我感動。在回家的途中，我倆共撐著一把傘，我好生奇怪，為何我絲毫不被雨水所濺溼呢？呀，我明白了！我猛然地發現姊姊另外一半的身子都已被雨水淋溼，連長髮也溼漉漉地直垂下來。在雨天行走，雖然天氣十分的冷，可是在我心坎裡卻是感到無比的溫暖、踏實，因為我深知傘下的不止是大姊和我，還有滿滿的愛呀！

還有另一次，在一個夜深人靜，月光暗淡的晚上，由於我無法入睡，因此吵著要大姊陪我出去外頭散步。當時的街道冷清清、靜悄悄的，才沒走幾步，一隻野狗不知從哪兒突然竄了出來，朝著我們不停直吠。當時的我是多麼的驚嚇、惶恐，馬上放聲大哭起來。

「不必怕，讓我來保護你。」呀，一向怕狗的大姊竟然勇敢地那麼說。她用她的身體擋在我的面前，裝著要嚇唬狗的樣子。當時，我怔住了。大姊為了我竟然不顧自身的安全，那是義無反顧的愛呀！在我的心坎裡，我十分感激大姊的及時相救，挺身而出，這時我確實感受到大姊對妹妹的愛及保護。我們彼此間的心靈似乎更接近了一點。

大姊與我的感情是融洽的，是化不開的。雖然有時候我也會惱她、氣她，怪她太專橫霸道，但我還是打從心底尊敬她、仰慕她、愛她。我也由衷地希望她能改變她的缺點，做一個更令人喜愛的大姊。

【點評】

這篇作品最可貴的地方就是真實。有人說，什麼是家人？家人就是明知你有不少缺點，卻還是接受你、愛你的人；透過小作者的描述，我們可以讀到一個人物形象相當鮮明的大姊，也可以讀到小作者對大姊發自內心、毫不矯揉造作的那份愛。

「我家有兩隻老鼠，一隻大老鼠和一隻小老鼠……」，小作者首先以一個俏皮的比喻作為開頭，並以「我倆生性好動，貪吃又愛鬥嘴，難怪父母常說我倆是歡喜冤家」來定調，讓讀者印象深刻。接下來，小作者所描述的幾件具體的事情，也都很好的強化了大姊的文學形象，並非常生動自然地反應出一番動人的姊妹情深，相當不錯。

寫親情

寫「親人」著重在描寫人物，寫「親情」則著重在「情」，一定要把感情寫出來。

媽媽不在家的日子

曾繁安（國一）

前年九月初，我們好學的媽媽為了實現她長久以來的夢想，在我們一家人的支持下，到台灣去進修博士學位了。從此，我的生活步調就被打亂了，生活作息都變得天翻地覆似的。媽媽不在家的日子，真的不好過啊！

媽媽剛離開時，大家都因媽媽的「出走」而情緒變得異常低落。任何時候，只要我們聽到「媽媽」這兩個字，眼淚就會不停地流。心裡雖然很清楚媽媽已經離開了，但心中仍不斷在找尋媽媽的身影。有一段日子，我們幾乎每天晚上都以淚洗面。只要我和妹妹因想念媽媽而哭，爸爸也會和我們一起擁抱痛哭。

當時，情況最糟糕的，恐怕就是我那將近三歲的弟弟。他並不會像大家那樣失控痛哭，卻會因不適應媽媽不在身邊而時常鬧脾氣。由於家裡少了另一個經濟支柱，因此爸爸也過得很辛苦。他不僅須工作，而且還身兼母職，看顧我們三姊弟，可真是一根蠟燭兩頭燒。幸好遠在家鄉的奶奶願意到我們家幫忙打理家務，料理三餐，不然我們可真會陷入困境。

弟弟不斷地鬧脾氣，或多或少也影響了爸爸的心情。雖然爸爸很心疼弟弟沒有媽媽的陪伴。但畢竟人的忍耐限度是有限的。因此，有時爸爸的情緒也會失控。他生氣時，就像龍捲風般，殃及無辜的我和妹妹。那段日子裡，我必須時常充當氣象台，預測爸爸的心情好壞。

但與此同時，我們卻因為離別而有了意外的收穫。以前，媽媽的工作十分忙碌，很多時候都和我們說不上幾句話；現在，她又重返學校生活，成為一名學生了，空閒時間也變得更多了。所以我們和媽媽每天都通過網路視訊溝通和交談。不知不覺地，與媽媽「獨處」談話的時間變長了，感情與關係也變得更好。也因為離別，我們漸漸懂得珍惜與彼此相處的時間。當媽媽抽空回家時，大夥兒都會與媽媽一起好好相處，共想天倫之樂，留下最美好的回憶。

光陰飛逝，如今媽媽已經到台灣進修兩年了，我們的心情也較平靜了，已能適應媽媽不在家的日子。回想起來，我也滿驚訝自己能熬過當時的種種難關。家裡的氣氛也開始雨過天青。因為這樣一件特別的事，我覺得我比以往更懂事了。媽媽，我好希望您能順利地完成學業，早日回家與我們團聚。媽媽，加油，我們一家人永遠都會支持您的！

【點評】

每個人從一個孩子蛻變成大人的時候，總會經歷一件特別的事；由於這件事，講得嚴肅一點，你會覺得自己的童年忽然結束了，講得平常一點至少也是如這篇作品的小作者在最後一段中所說的，「因為這樣一件特別的事，我覺得我比以往更懂事了。」

這篇作品，小作者所寫的就是這麼一件發生在自己身上、同時也是深深影響全家人的大事。就題材而言，非常特殊，具有很難複製的獨特性，使得這篇作品能夠脫穎而出，再加上小作者處理得也很好，不僅條理清晰，文筆流暢，還語帶詼諧（「那段日子裡，我必須時常充當氣象台，預測爸爸的心情好壞」等等），更難得的是，讀完全文，很能夠讓讀者感受到一種濃郁的真情與理解。

小作者能夠把這個題材處理得這麼成熟是有原因的，我想最重要的原因就是，面對這個難得的、很好的題材，小作者並沒有急著下筆，而是先放在心中靜靜地沉澱了一段時間（文章一開始，小作者就說「前年九月初……」）。就是有了這番沉澱的工夫，小作者看待這件事情的角度才會比較豐富，連帶地也就使文章很自然地更具深度，令人讀後非常難忘。

寫家庭生活

寫這個主題，題材要愈獨特、愈不容易與別的家庭雷同愈好。

例文④ 大團圓

李若淇（小六）

我常聽媽媽說，我們家的成員好多，多到世界各個角落都有。我每次都聽得半信半疑，有時候甚至覺得媽媽說得太誇張了。要不是趁著這次農曆新年回去古晉出席外曾祖父（媽媽的爺爺）的百歲壽宴，還真不敢相信媽媽的話呢！

我從小就住在麻六甲，雖然每逢學校假期都會跟隨媽媽回去古晉探望家人，但卻從來不曾像這次那樣見到這麼多的親戚長輩。為了給外曾祖父祝壽，

這些親戚長輩都千里迢迢地從世界各個角落「飛」回來了，這次真的是我們家難得的大團圓。

可想而知，身為壽星翁的外曾祖父那幾天的心情是多麼地愉快啊！除了為自己能衝破百歲大關而高興之外，更讓他感到高興的是能親眼看到自己的子孫們四代同堂地聚在一起。雖然這只是個短暫的相聚，可是對他老人家來說卻意義深重。

外曾祖父慶生當天，我們一大清早就擁至他的家，把他那原本寬敞舒適的大洋房擠得水泄不通，到處一片喜氣洋洋。可見，我們家的成員確實好多。當天，平日不苟言笑的外曾祖父顯得精神奕奕地，坐在那兒等著子孫們為他獻上賀語。雖然嘴裡不說，但我們卻可以感受到他心中的那份喜悅。我坐在客廳的一角，向屋內掃視了一下，只見眼前許多的親戚長輩都是我從未見過的，還有一些是我多年不見的表兄弟姊妹。開始，大家都感到有點陌生，後來經過爸媽的介紹後，我才漸漸跟他們打成一片。

今年的農曆新年，對我來說，有雙層的意義。除了給外曾祖父慶祝百歲大壽之外，我還很開心能親自跟這麼多的親戚長輩團聚，拜年。經過這次的大團圓後，總算加深了我對家裡成員的認識。希望往後的農曆新年能有機會再來個大團圓。

【點評】

這也是一篇主要是以取材取勝的文章，畢竟，「為了給外曾祖父祝壽（還是百歲大壽）」，「親戚長輩都千里迢迢地從世界各個角落『飛』回來」這樣的題材，確實是滿特別的。

值得注意的是，外曾祖父的百歲壽宴正好是在農曆新年期間；想想看，如果小作者

是以「農曆新年」為寫作方向，只在其中某一天提到這場壽宴，那就太可惜了，幸好小作者懂得選材，懂得把握特點大加發揮，以「我常聽媽媽說，我們家的成員好多，多到世界各個角落都有」為開頭，帶出這場難得的壽宴，最後再以「今年的農曆新年，對我來說，有雙層的意義」做結束，並定了〈大團圓〉這樣充滿溫馨的題目，讀來就頗具特色，令人印象深刻。

寫朋友

在小朋友的生活中，除了親人，最熟悉的人物就是朋友了。

我的同桌

黃可捷（小五）

我有一個愛玩、愛笑、愛學習、愛助人、愛做鬼臉的同桌。他和我的年紀相同，但個頭比我高一點兒，顯得總是那麼精神，那麼帥氣。一雙有神的眼睛嵌在那張笑臉上，給人一種天真活潑的感覺。他那不高的鼻梁上架著一副白邊眼鏡，真像個十足的小書生。能說善道的嘴巴，有時急了說起話來不免有點結巴。他的名字叫良明為。

他擅長打球，所以愛上體育課。記得去年秋季的一天，張老師告訴我們學校要開運動會了。同學們聽了都很高興，特別是良明為，沒等老師把話說完，便高興地跳了起來，激動地說道：「到我大顯身手的時候了！」那個激動的勁兒，我也不知如何形容了。就因為這個，還被班主任狠狠地罵了一頓呢！開運動會了，各年級都活躍在操場上，有的同學挑自己喜愛的項目參賽，可良明為不是這樣，他參加了所有我們班應參加的比賽。打球前，他驕傲地對我們說：「這回，我准第一！」結果，他果真獲得了四個第一。同學們都為他高興，也羨慕他。我這個沒獲一項獎的同桌，更是羨慕不已。

我的同桌還有樂於助人的好品質哩！一次，我們因一點小事而鬧了矛盾。正巧，我忘了帶鋼筆了，周圍的人都沒有第二支。我急得像熱鍋上的螞蟻，又怕傷面子，不願向同桌借。他見了，笑嘻嘻地說：「對不起，剛才是我錯了。」我接過筆激動極了，心想，唉，真不應該因為一點小事和他鬧矛盾哪……從此，我和同桌再也沒紅過臉。

不過，同桌也有一些教人討厭的缺點。當老師轉身寫字時，他就做鬼臉；當他做對一道題時，就把兩手往腰上一插，直誇自己是「天才」；當下課時，他的那張嘴就會滔滔不絕地向你講什麼漫畫故事、怎樣組裝模型啊等等，聽得我都不耐煩了。當然，因為我們畢竟是十一、二歲的孩子，所以我能理解他。

我同桌良明為身上的閃光點，勝過於缺點，這是值得我們學習的。我們坐在一起已有兩個春秋了，還合得來。我希望我和良明為能永遠是同桌。

【點評】

「我們坐在一起已有兩個春秋了，還合得來……」，小作者在文末如是說。既然是合得來的同桌，往往會成為我們的好朋友，這也難怪很多寫「我的好朋友」的文章，都

會提到一句「他（她）是我的同桌」；事實上這一篇作品確實也可以用「我的好朋友」來命名，但是「我的好朋友」這個題目畢竟比較平淡，小作者選擇了「同桌」這個角度，感覺上似乎就新鮮得多。

小作者的處理也很好。先給讀者一個整體的印象（「我有一個愛玩、愛笑、愛學習、愛助人、愛做鬼臉的同桌」），其次，在描述上是先靜態（先描述同桌的外表），再動態（包括同桌的動作、同桌說的話）；或者也可以說是由外而內，愈來愈深入（先描述同桌的自信，再描述他的大度和樂於助人）。整體讀起來很有層次感。有些自然流露、毫不造作的童言童語，也頗令人莞爾（最精采的莫過於「我們畢竟是十一、二歲的孩子，所以我能理解他」這一句了！）。

寫老師

總有一些老師是比較特別、小朋友比較喜歡、比較值得寫的吧！

例文⑥

我的班主任

曾立民（國二）

每當一提到我的班主任，我就會想起發生在剛開學時的糗事。那是開學的第一天，前兩節課開班會。但等了十五分鐘，許多老師經過我們班，就是沒有一個走進來。班上早就亂成了一團，在經過一番討論後，便決定由我去找老師。

在辦公室，我查課表查到張溧航老師是我們的班主任。我找到了老師的

座位，但我不會念「溧」字，所以不敢叫老師。猶疑再三，有邊讀邊吧！但「栗」字我也不會念哪！於是，我決定念一個形似字——「票」。我叫了半晌，老師回過頭來。「你叫我？哦！對不起，忘了有班會！」看著老師疑惑的表情，我一定是念錯了！

果然，一到班上老師就鄭而重之地宣布她的名字念張溧航！原來，老師名字中的「溧」和我名字中的「立」同音！頓時，我的耳根發熱，滿臉通紅並且感到無地自容。

在班會上，老師要我擔任財政的職位。我害怕做不好便拒絕了。但老師鐵了心般堅持要我擔任。在一番激烈的拉鋸戰後，我敗給了老師的遊說和勸告。也戰戰兢兢地擔任財政至今。

老師的個子嬌小玲瓏，一副眼鏡後面是一對頑皮的大眼睛。輕鬆的短髮使老師看起來非常地年輕。老師也有著一顆可愛的童心，常在課堂上讓一些童言童語脫口而出，引得我們哄堂大笑。而這時老師會像個知道自己說錯話的小女孩一樣羞紅了臉笑著，等我們安靜下來。

老師負責教我們生物和化學課。老師講課生動，常把生物課的生難名詞和化學課的生硬方程式編成故事講給我們聽，我們很容易便記住了，也在考試中屢獲高分。因此，這兩門科目也是我最喜愛的科目。

這就是我的班主任，可敬又可愛的班主任。我會永遠、永遠地敬愛她。也希望她永遠都是那麼地可愛！

【點評】

這是一篇很可愛的文章，寫一個少年心目中「可敬又可愛」的班主任。在一大堆寫老師、寫班主任的文章中，這篇作品讓人讀過一遍就會留下比較深刻的印象。

小作者的開場就頗吸引人，很有特殊性，也頗有趣味。接下來，整篇作品讀下來，寫到了有關班主任的很多方面，素材還算豐富。最後一段、特別是結尾那兩句話——「我會永遠、永遠地敬愛她。也希望她永遠都是那麼地可愛！」——寫得很真誠，又很清新自然。

不過，班主任既然是文章描寫的重點，班主任的外表和容貌——「老師的個子嬌小玲瓏，一副眼鏡後面是一對頑皮的大眼睛。輕鬆的短髮使老師看起來非常地年輕。」——應該放在文章比較前面的位置；這就好像我們看電影，在主角出現的時候，導演總是要多費一點心思，至少要多給幾個鏡頭一樣，因為這樣才有助於讀者在腦海中形成一個比較鮮明的人物形象。

寫動物（包括寫寵物）

孩子們絕大多數都是喜歡小動物的（嬰兒、幼兒本身就像一個小動物！），所以孩子們也很容易在動物身上投入感情。

陳敏捷（小五）

大大的眼睛、圓圓的臉、胖胖的身體、長長的尾巴、黑黑的長毛構成了我家那可愛的貓——絲綢。

絲綢是一隻土貓。牠原本是流浪貓，不過牠幸運地被我們收留了。絲綢年紀也不小了，但牠還是很頑皮。我們都很愛牠。

貓比較傲氣、有個性。因此，許多人不喜歡貓；而比較喜歡狗。可是，貓的性格是我喜歡牠的其中一個原因。我認為這可是貓的特色啊！

不過，我們家絲綢可一點兒也不高傲，可能小時候是流浪貓的原故吧！絲綢可黏人了，我放學回家時，牠總在門口迎接我，對我喵喵叫。平時，牠愛和我們撒嬌，甚至和我爭寵。牠，是我們的開心果——「解憂貓」。

絲綢有個習慣，就是每晚一定得出去溜達，找牠的貓朋友。因此，我們把牠結紮了，以免成為流浪貓數量增多的幫凶。媽媽也告訴我養寵物不只要有愛心，也要有責任感，才能當個好主人。

一天，我放學回家時，絲綢沒出來迎接我，反倒看見媽媽在門口。媽媽焦急地對我說，絲綢不見了！我這才想起上學前都沒見到牠。

我急得像熱鍋上的螞蟻，和媽媽找遍了屋子裡裡外外、上上下下，卻還是找不著；到街上找了半天也不見絲綢的蹤影。就當我們心灰意冷地回家時，竟發現絲綢就坐在屋前，等著我們給牠開門呢！看樣子，牠只是玩得太高興了，忘了回家吧！真是「踏破鐵鞋無覓處，得來全不費工夫」啊！害得我們空著急一場。

從此以後，我們家多了道「禁令」：絲綢不能出去溜達，牠被軟禁了！我則多了份差事：每天帶絲綢出去「溜貓」。望著絲綢孤單的身影，媽媽答應我，只要我會好好照顧絲綢的生活起居，她就讓我再養隻貓給絲綢作伴。看來，絲綢的「終身幸福」得靠我了！

【點評】

很多流浪貓，一經收養，在生活上受到了照顧，尤其是享受到愛的溫暖以後，就能在很短的時間之內改頭換面變成一隻漂亮的家貓；這篇作品，小作者寫的「絲綢」就是

這樣的一隻貓。

從流浪貓轉變成家貓以後，自然會有不少的變化。小作者掌握住這個特點，寫絲綢會黏人、會撒嬌、會爭寵、會戀家（儘管「玩得太高興了，忘了回家」，但是等牠想起該回家的時候，並沒有真的忘記回家的路），還會接受管束（不能再隨心所欲地到處亂跑，只能在「遛貓時間」才能出去）；小作者在描述絲綢生活的同時，其實也很好地呈現出全家人對絲綢的那份愛。

最後那句「看來，絲綢的『終身幸福』得靠我了！」非常地自然可愛，小作者以此作為結語，有一種充滿童趣的效果。

寫玩具

在孩子們的世界裡，一個玩具的重要性有時甚至還不亞於一個常常不在家的家長呢。

兒時玩伴

顏秀倫（國一）

夜已深，我熄燈了，躺在床上，看著布娃娃們模糊的影子，似乎在和我說「晚安」。因為有布娃娃陪著我，所以我很快就進入夢鄉。

我的房間的每個角落都有布娃娃。他們可都是我的寶貝呢！是他們，陪我度過一段美好的時光，給我的童年添上美好的回憶。而我和布娃娃之間的精采

故事，都烙印在我心頭。

低頭一看手中的布娃娃們，難免發現到布娃娃們的臉上都有「黑斑」。這些所謂的「黑斑」，都是「愛」的痕跡。這是因為小時候，我每晚臨睡前都愛不釋手地抱著布娃娃，親了又親。這個舉動讓我至今還難以忘懷。

應該是受童話故事的影響吧，導致我一直以來都認為布娃娃們在夜深人靜時，都會起來活動、活動身子。因為，好幾次，我還特地半夜醒來看一看布娃娃們，卻大失所望，因為布娃娃們還是處於原處。不過，我不會灰心的！

年幼時，我還有一個習慣，那就是——為布娃娃們慶祝生日。只要其中一個布娃娃生日，我就會為他們唱生日歌，並給當天「出生」的布娃娃特別的待遇。不過，慚愧的是，有些布娃娃的生日我真的記不起來，真對不起他們……

小時候，布娃娃也是我和表妹的溝通橋梁。只要她一來我家，我們就會抱起布娃娃，玩得不亦樂乎。在布娃娃的陪同下，我和表妹建立起深厚的感情。

還記得我和布娃娃們嬉戲玩樂的快樂時光。小時候，我最喜歡和他們玩捉迷藏，因為布娃娃們每次都不藏起來，也永遠找不到我。哈哈，和他們一起玩捉迷藏，的確給了我很大的滿足感！

有時候，我也會講故事或唱歌給布娃娃們聽，而他們也目不轉睛地聽著，給了我很大的支持與鼓勵。

當我情緒低落時，布娃娃是我最佳的傾訴對象。好幾次，當我對著娃娃訴說時，他們似懂非懂的「眼神」給了我一股力量，讓我勇氣加倍，信心十足。

我喜歡帶布娃娃去旅行。布娃娃陪我到美國，伴我到中國，到了世界的哪一個角落，布娃娃都一直在我身旁。因為有布娃娃在身邊，真的好溫暖，好安全。

雖然，我現已逐漸成長，但布娃娃與我的那一段純厚的感情，卻是無法磨滅的。

【點評】

青春期就是這樣一個說不清楚的階段，一會兒覺得自己已經完全像是一個大人了，一會兒又覺得自己好像還只是一個小孩；面對玩具，一會兒覺得「我都這麼大了，還玩玩具，太幼稚了吧」，但一會兒很可能又童心大發，興致勃勃地大玩玩具……青春期就是這樣一個說大不大、說小不小的年齡。

這篇作品的小作者卻擁有很好的心態，不隨便否定自己的童年。文章結尾，小作者說，「雖然，我現已逐漸成長，但布娃娃與我的那一段純厚的感情，卻是無法磨滅的。」這幾句話講得很好，事實上也是整篇文章的精神。

我們常說「性格決定命運」，不同性格的人若面對同樣一種處境，會做出不同的反應，命運也就隨之不同；在面對作文題材的時候也是類似的情況，即使是相同的題材（小時候心愛的玩具），由於小作者的性格不同，對題材所抱持的態度不同（譬如本篇小

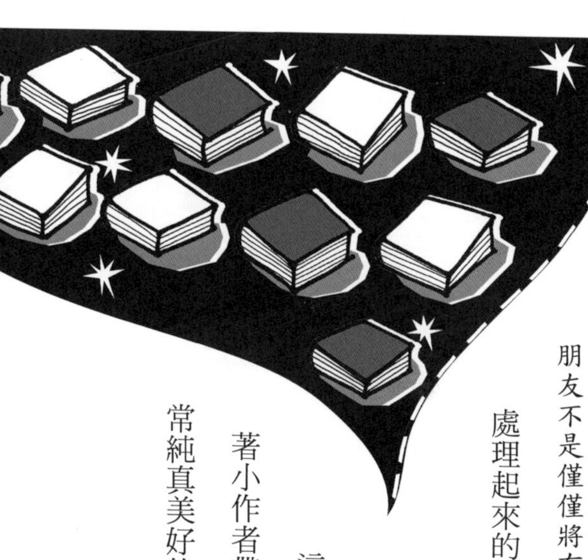

朋友不是僅僅將布娃娃視之為玩具，而是視之為「兒時玩伴」），處理起來的效果自然就大大的不同。

希望在作品中發揮創意，表現原創性，其實就是要好好挖掘這些自己與別人不同的地方。

這篇作品，從題目開始就讓人感覺到很溫馨，隨著小作者帶著自然且真摯的筆觸，從頭到尾都給人一種非常純真美好的感覺，令人印象深刻。

寫愛好

每個人多多少少都有些特別喜歡做的事；如果這個事還有點特殊性——比方說下面這個男生學烹飪的例子——寫成作文就更有意思了。

例文⑨

學烹飪記

王佳佳（小五）

爸爸常說煮飯燒菜並不是女性的專利，男性學會燒菜也很有用處喔！「如果媽媽不在家，剛好你肚子餓了，我就能煮飯給你吃；同樣的，如果我出外工作，媽媽也會一樣把你餵得飽飽的。」聽了爸爸的話，我就下定決心要跟他學烹飪。

爸爸教我煮的菜式是愛心雞扒。首先，爸爸教我洗菜和切雞胸肉。由於我是第一次烹飪，所以手忙腳亂。過後，我照著心形的模型切雞胸肉。接下來，我把菜葉一片一片的撕開清洗。忽然我在菜葉上看見了幾隻小蟲，嚇得我魂飛魄散。

接著，我把鍋弄熱。然後，我將少許的食油倒入熱鍋中。當我把心形雞胸肉放入熱鍋時，我一面閃避鍋裡四濺的熱油，一面拿著鏟子亂揮動，真是難看極了。待心形雞胸肉炸好後，我就把牠放在碟子上。

之後，我將菜心和青蔥用文火略炒。三分鐘後，我便把略炒的菜心和青蔥放入鍋的水裡煮。煮著煮著，爸爸便問我調味料放了沒？哦，我差點忘了！過後，我才將少許的醬油加入。

大約二十分鐘後，湯汁便煮好了，我便把湯汁淋在愛心雞扒上。爸爸告訴我說：「以前我還不會烹飪時，比你還手忙腳亂呢！我以前被油燙的那道深深

的疤痕還在呢！」「哇，爸爸你的疤痕真大呀！」「不說了，不說了，快去打電話給阿姨，叫他們到我們家來吃飯。」

傍晚，阿姨們都來捧我的場。等愛心雞扒端出來，大家品嘗後，都讚不絕口。這真是我出乎意料的事啊！居然我初次下廚就得到好評。爸爸也去訂做一個寫著我名字的廚師圍裙和帽子呢！我也將在父親節時，做一個很大很大的蛋糕送給他以示感激。

【點評】

這篇作品讀來令人頗有一種耳目一新的感覺。

首先，是角色的與眾不同。小作者是向爸爸學烹飪，這本身就很有趣。何況文章一開頭還立刻闡明了為什麼男性也應該學烹飪，等於也說明了爸爸為什麼有能力來教小作者烹飪，很有說服力。

接下來是情節的不同。從小作者所描寫的學做「愛心雞扒」的過程，可以感覺得到獨特性很強，不會讓人有似曾相識之感。同時，小作者也把這整個過程描述得相當有趣。

結尾親子要互送禮物以示鼓勵和感謝，更是非常可愛，以此作為結束，也有一種頗為清新脫俗的效果。

寫校園生活

如果扣掉睡覺時間不算，只算清醒的時間，孩子們每天待在學校裡的時間恐怕比在家裡還多；仔細想想，校園生活一定有很多是值得寫的素材吧。

曾昭美（小五）

今天，來到學校，就收到副班長的消息。副班長說老師從第一節至第三節會去開會，讓她選一樣功課給同學們做。男生們吵著說要做作業，女生們卻要做作文，令副班長左右為難。

這時，班長提出「男女大戰」。如果男生們在這大戰中勝利了，就做作業。但如果女生們勝利了，則做作文。同學們都贊成，我們把門和窗子都關起來，免得被人看見了。

第一回合，用班上僅有的物品當作武器，攻擊對方。第二回合，在白板上寫句子對抗。第三回合，做課本裡的數學習題。不想參與的同學可退出，對抗到一半不想再對抗了也可退出，但會扣2分。勝利了加2分。

第一回合開始了，我拿著書本，拍男生的腳，讓他們四腳朝天。有些女生很斯文，輕拍也不敢，只好退出。男生很頑皮，竟拿起老師的藤鞭，打得女生們好疼。第一回合結束，女生得20分，男生得22分。男生勝利了。

第二回合開始了，由於女生們有寫紙條的習慣，所以在白板上寫字特別輕鬆。男生們想了老半天才想出要寫什麼，女生們早已寫了幾十句。男生在不服氣的推動力下，寫了很多句，但還是不比女生多。第二回合結束，女生得32分，男生得18分。女生勝利了。

第三回合開始了，課本上的數學題被班長一一寫在白板上。男生回答十題，女生也回答十題。這時，班上真的好吵哦！答案不一致，爭吵了起來。這時，門外發出「咯、咯、咯」的聲音，肯定是老師回來了，我們趕緊回到座位。

雖然我們裝得乖乖的，老師還是知道我們做過了什麼。一來，隔壁班的老師向我們的老師投訴說我們很吵。二來，我們把白板塗得一團糟。老師嚴厲地把我們訓了一頓。兩位班長還被「炒魷魚」了呢！

這次的行動雖然受到老師的嚴厲處罰，不過還是挺好玩的。

【點評】

這是一篇童趣十足的作品。一看題目就頗吸引人，令人想要一窺究竟。小作者以相當輕快的筆調，以及明快的節奏，重現了一場有趣的男女大戰。

關於這場戰爭，小作者身兼兩種角色，既是大戰的參與者，也是報導者。在描述上，這兩種不同的角色要面對兩種截然不同的要求；參與者的感受是主觀的，報導者的態度又應該是客觀的。而小作者的成功之處，就是在客觀和主觀之間的尺度拿捏得相當準確；不僅能像一個旁觀者似的把戰況描述得相當清晰，又能主觀的適時表達參與者的心情（譬如「我拿著書本……」、「雖然我們裝得乖乖的……」，以及作為結語的「這次的行動雖然受到老師的嚴厲處罰，不過還是挺好玩的。」），讀來相當自然可愛。

寫特殊的課程

上面說的「校園生活」是一個比較大的概念，如果只針對課程部分，應該也有一些課程是小朋友覺得很好玩、很有意思、很有收穫的吧。

林淨萱（小五）

今天，我們期待已久的美術課終於來臨了。鈴聲響起後，美術老師便進來課室。我們向老師請安後，老師便開始教課了。

只見老師選出一位同學，要他把一個深色的布條蒙著眼睛。之後，老師在黑板上畫一個圓圈，並要求那位同學在圓圈裡畫眼睛、鼻子、嘴巴以及耳朵。

只見他把耳朵畫在圓圈上；把眼睛畫在圓圈下；鼻子和嘴巴都畫在圓圈外的兩旁。

當這位同學畫完，我們都笑彎了腰，有些同學還笑得從椅子上跌下來呢！為了讓全班同學都能體會到這種感覺，老師要我們也把布條蒙著眼睛並在畫紙上畫出圓圈，還有眼睛、鼻子、嘴巴和耳朵。

我拿起筆來東畫西畫，終於畫好了。當我把布條鬆開時，只見一個「怪物臉」在我的面前，讓我不禁失笑了。老師還要我們把自己的作品交給班長讓他過目。之後，老師給每位學生一個空雞蛋。她要我們在雞蛋上畫自己的臉。

當我們都畫完了之後，老師把全班學生的雞蛋放在後面的桌子上。只見各種各樣的表情在雞蛋上，例如：笑臉、哭臉、生氣的臉等等。老師還為雞蛋穿上衣服。這些雞蛋就像一個大家庭，充滿趣味！

鈴……，下課鈴聲響了，美術老師也回辦公室了。我們也帶著空蕩蕩的肚

子去食堂了。我希望下次的美術課，老師也會教我們畫有趣的圖畫。

【點評】

藉由文字，小作者在紙上重現了一堂有趣的美術課。

小作者描述得相當清晰，不慌不忙，不像有的人明明告訴你「我跟你說一個超好笑的笑話……」，可是卻怎麼也說不清楚，讓人聽得一頭霧水，還會乾著急。可是讀這篇文章，你會覺得小作者本身固然是在細細的回味，回味得很愉快，他也能夠「獨樂樂不如眾樂樂」，讓讀者隨著小作者的描述，彷彿身歷其境地欣賞了一堂有趣的課程，同時，我們不免也要為美術老師能如此煞費苦心、設計如此有趣的課程而感到佩服。

寫病痛

從來不生病的健康寶寶總是比較少的，病痛的經驗也是一種很生活化的素材。

沈欣蓓（小四）

每當牙齒痛時，我都會很害怕，因為要去那恐怖的牙科診所拔牙。糖果、雪糕、巧克力等我從不放過。媽媽時常勸告我不要吃那麼多甜食，可是我卻把媽媽的話當耳邊風。應該是報應吧，有一天，我起身時，覺得牙齒很痛。我馬上下樓去叫媽媽幫我檢查牙齒。原來，我有蛀牙，必須拔掉。

我帶著緊張又害怕的心情坐上媽媽的車。到了牙科診所，只見有很多人坐在位子上。媽媽也幫我去登記。

「沈欣蓓！沈欣蓓！」護士小姐叫。我的心害怕得快跳出來了。我緊緊牽著媽媽的手走進去。一進去，牙醫叫我躺在診療椅上。過了三分鐘後，只見牙醫幫我打了麻醉針。「啊……好痛啊！」我心想，「打麻醉針都這麼可怕了，更何況拔牙？」正當我在想著這個問題時，我聽見「啪」一聲，原來牙醫已經幫我把蛀牙拔掉了。牙醫拿了那顆蛀牙給我看。這時，我覺得蛀牙好噁心喔！牙醫還向我講解為什麼會有蛀牙。不但如此，牙醫還勸告我不要再多吃甜食。

我覺得很後悔，如果當時聽媽媽勸告的話，今天就不會有這樣的下場了！

我暗暗地發誓，以後少吃甜食，養成睡覺前刷牙的好習慣。

【點評】

牙疼是每個人都有過的經驗，害怕去牙科診所、害怕拔牙也幾乎是每個人都會有的普遍心態，選擇這樣的主題，本身就很容易引起共鳴。

除了取材不錯，這篇作品還有一個很大的優點，就是小作者把行文的節奏感掌握得很好。

其實小作者把這次上牙科診所的前因後果交代得挺清楚也挺完整。但是在描述時並沒有把每一個環節都平均處理，而是把重點放在真正看牙、拔牙的段落，這樣就和題目「拔牙記」所揭示的重點非常符合。

從諸多素材中選擇重點來發揮確實是一個不容忽視的技巧，而四年級的小朋友已經懂得這麼做尤其難得。

寫旅遊

旅遊的時候，因為跳出了平常的生活軌道，照說渾身的細胞都會比較活潑、比較容易受到外界的刺激，因而也比較容易產生新鮮的感受。

例文13

我最喜愛的旅遊經驗

鄭凱元（國二）

很多朋友常問我，我的嗜好是什麼。我都會回答他們：「旅遊」。我曾去過許多地方旅遊，例如：中國上海、昆明、香港、韓國、新加坡及澳洲等，但令我至今都無法忘記，最喜愛的旅遊經驗就是去澳洲布里斯本黃金海岸的那一次。

還記得，當時的我是雀躍著上機場的！那種感覺，真的是非筆墨所能形容，更不用說是上飛機時了。那飛機又寬又大又長，設備齊全，豪華極了！由於那是晚機，而且路途長達七小時，所以我們得在客機上刷牙。第一次大家排隊去廁所刷牙的景象出現在我眼前，真是鮮見。深夜了，大家都睡了，唯獨調皮的我仍在飛機上玩客機所提供的電子遊戲。但玩著玩著，我就呼嚕呼嚕地睡著了，直到要在機上享用早餐才起來，不久後便抵達了布里斯本，我們魚貫地下機去。

抵達後，我們先到天堂農莊體驗澳洲的牛仔文化，並參加許多農場活動，如甩響鞭、牧牛、擠牛奶等。第一次看到綿羊的表演，真令我開心極了！然後，我們再去品嘗牧人風味的比利茶與農場特製的丹波麵包。走著走著，我們來到了無尾熊園，我們一家人便與可愛的無尾熊們合照。突然，一股奇怪的味道撲鼻而來。哎呀，無尾熊在公公的手上留下了「臭臭的傑作」了！我們看到

後，不但沒幫忙清理，還在一旁捧腹大笑。現在回想起來，公公真可憐呢！午餐在此享用澳洲獨特的燒烤美食，同時觀賞娛樂表演與牛仔舞。

第三天，我們享用了酒店所準備的豐富早餐後，便前往夢幻世界樂園。這裡擁有世界上最高、最快的機動遊戲，包括驚悚之塔、大暴跌等。膽小的我，光是看到那些遊客乘上「大暴跌」，我就嚇得臉都蒼白起來了。我們也與喜愛蹦蹦跳跳的紅袋鼠零距離接觸，更親眼目睹了鱷魚凶猛與殘酷的神情。我們也不忘到老虎島上欣賞瀕臨絕種的孟加拉虎是如何休息、遊戲和嬉戲作樂的。這讓我體會到人類應該好好愛惜這些稀少的動物，好讓我們的下一代還能有這種眼福。

第四天，我們便來到華納兄弟影城，這是我最喜歡的地方之一。我們先去觀看史瑞克動作電影。這電影除了擁有4D成分，電影情節也十分刺激，似乎連我們也進入電影似的。接著，爸爸便帶著我乘搭叔比狗幽靈飛車這刺激的乘遊。在《叔比狗》電影於黃金海岸華納兄弟片場拍攝成功的鼓舞下，華納兄弟影城更耗資一千三百萬來增設這遊戲。每一部飛車的設計主要是取材於這部電影，並利用多種雷射燈光、特別效果與先進機體運作。由於「天不怕，地不怕」，卻只怕「幽靈」和乘坐雲霄飛車的我得同時接受這兩個挑戰，只好閉著眼、咬著牙挨過去了。這裡也有多項動力十足和扣人心弦的節目，如《蝙蝠俠歷險乘遊》續集、露天的雲霄飛車《致命武器》與《超人》，以及充滿火爆動作的鬧劇《金牌警校軍》等，這天我們全家人都盡興而歸。

第五天，也是風和日麗的一天，我們前往陶河展開「捕捉螃蟹之遊」。我們早上乘船出發，並在船上享用美味可口的「螃蟹大餐」。當早潮水適宜，我們可以下船捉小蝦或在船上釣魚。調皮的我下船捉小蝦，卻一隻都沒捕獲，那些經驗豐富的大人們卻捉了很多，令我羞得真想像小小蝦般鑽入沙裡。

第六天，已是我們回國的時間了。我們全家帶著依依不捨的心情踏上歸

途。我想：若還有機會，我還想重返黃金海岸。因為這旅程豐富了我的知識，也增加了我的見聞。還有，下一次，我一定要乘坐夢幻世界的「大暴跌」，好讓我跟同學炫耀一番。

【點評】

這篇作品其實犯了一般遊記的兩大通病：一、寫法太過流水帳；二、缺乏對於旅遊地（比方說這篇文章是澳洲布里斯本的黃金海岸）自然風光的描述。但是，這篇文章也具備一般遊記所沒有的優點，那就是——內容相當充實（小作者大概在當時就有記筆記的好習慣吧，否則怎麼能夠把那麼多的細節描述得這麼清楚？因為感覺上這似乎並不是小作者最近剛剛才去過的一次旅遊啊？）。

小作者的字裡行間處處還有一種發自內心的愉快的氣息，很能夠感染讀者；小作者說這是一次「我最喜愛的旅遊經驗」，確實是非常具有信服力。

寫糗事

要把這個主題寫好，在下筆之前一定要有充分的回想，很多細節才能夠處理得很細膩。

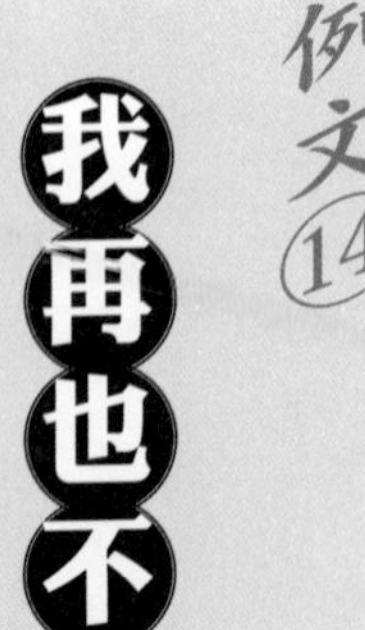

例文14

我再也不惹狗了

呂連昌（小六）

放學了，我快步地走回家。咦，是什麼東西？那麼大蹲在樓梯口？我趨前一看，哦！原來是一隻溫馴的小白狗。牠全身蜷成一團，在睡大覺。我心想：「真沒趣，你不理我，我偏要逗你。」我舉步要走，那隻小狗便抬頭瞟了我一眼，又睡起來了。

於是，我輕輕地靠近小狗，小心翼翼地摸了摸牠的身子，毛茸茸的，滿舒服。小狗沒什麼反應，只是看著我。我漸漸地大膽起來，忽然有一個念頭：「不如抱抱牠吧！」我伸出手，緊緊地抓住小狗，想把牠抱入懷裡。可是牠突然甩了甩頭，拚命地搖晃身子，掙脫了我的手。小狗動也不動地瞪著我。我仍沒感覺到危險。我慢慢地靠過去，伸出手不停地在小狗面前搖，還在小狗身旁跳來跳去。只見小狗滿懷危機地盯著我。

忽然小狗站了起來，我一下子呆住了。心想：「這隻看起來溫馴的小狗該不會生氣了吧？」小狗慢慢朝我前進，我退了幾步。小狗開始朝我走來，還一直向著我叫。此時的我想起了媽媽的話：「如果被狗咬了，得打很多針，搞不好，還會得狂犬病！」我越想越怕，心裡七上八下的。我的心怦怦直跳，額頭滲出了串串的汗珠。

當時的我十分緊張。由於我太驚恐，一時站在樓梯上，小狗也站在我腳

前。半分鐘後，我才清醒過來。我立刻踮起腳尖慢慢地走下樓。回頭一看，原來小狗沒動靜。我想，不如逃吧！我一轉身，拚命地跑回家。誰知，我一跑，便吸引了小狗。牠飛快地朝我跑來。我一邊跑一邊回頭看，眼看小狗快要追上了，我一時沒看路，「叭」的一聲，摔進了沙坑裡……

等我醒來，已身在病床上。媽媽站在我的旁邊說：「你這個孩子，差點不省人事了！」經過了這件事，我知道無論是狗還是貓雖然有溫馴的一面，也有凶狠的一面。從此以後，我再也不惹狗了。

【點評】

在童年時代，誰不曾做過一些大人眼中看似無聊的傻事，比方說好端端地幹麼要去惹狗呢，小作者所描寫的就是一次自己如何把一隻表面上看起來很溫馴的小白狗惹得「狗急跳牆」的經驗，充滿了童趣，是一篇能十足表現出孩子本色的作品。

作品最大的優點就在於生動。而之所以能如此生動的前題，祕訣就在於小作者並不是匆匆忙忙地下筆，而顯然是在下筆之前先在心裡把整個事情來來回回地回想得非常細膩；這麼一來，原本或許只是一件微不足道的小事，也可以入文，還能讓人在讀了之後覺得非常的可愛。

寫煩惱

很多大人總喜歡說，還是當小孩子好，小孩子最無憂無慮了，其實真是天知道！實際上孩子們的世界就和大人的世界一樣，同樣都有喜怒哀樂，自然也同樣都會有煩惱。

例文15

媽媽的牢騷

譚舒行（小六）

媽媽是我敬愛的人，媽媽的外表雖然很溫柔，但卻隱藏著驚人的另一面。那就是每天都會表演她那獅子吼——每天為各種瑣碎的事物而發牢騷。

一回家就看到四處都亂糟糟的，看到家裡有人就對他抱怨自己不滿的情緒，媽媽一發牢騷，我們就會自動自發地幫她做家務，堵住她的嘴。

媽媽是一位中學教師，她的工作令她煩惱。搬來關丹三年，媽媽就轉了三所學校。媽媽每次被調，就要適應不同的新環境。學校又時常在放學後開會，很遲才回到家。

除了家務和工作，爸爸公司裡的事務也令媽媽頭痛。爸爸時常出差，媽媽就是爸爸的得力助手。媽媽常常到爸爸的工廠去監督工人們上貨。有人送貨來時，媽媽必須驗貨。媽媽還須替爸爸處理帳目及文件。

媽媽每天都必須載送我、哥哥和妹妹上學及補習；媽媽還每天催促我們做功課和溫習功課，我們都把媽媽的話當耳邊風。我們不但沒聽媽媽的話，還如故看電視、玩電腦遊戲……

媽媽的牢騷是隱形的監牢，把我扣押起來。媽媽的牢騷也是討人厭的蚊子，在耳邊嗡嗡作響，想把蚊子打死卻又擊不中目標。

我雖然很不喜歡聽到媽媽的牢騷，但是想到媽媽的處境就會同情她，卻愛

莫能助。我會做個好孩子，多幫媽媽做事，減少她的煩惱。

【點評】

有人說，真實往往是殘酷的，但是最能夠產生震撼人心效果的也唯有真實。不過，要描寫家庭中的真實，很需要勇氣，這不是一般人輕易就可辦得到的。

讀完這篇作品，最強烈的印象就是小作者很有勇氣，能夠面對家庭中極為真實的一面。媽媽的牢騷像什麼呢？小作者說，「媽媽的牢騷是隱形的監牢，把我扣押起來。媽媽的牢騷也是討人厭的蚊子，在耳邊嗡嗡作響，想把蚊子打死卻又擊不中目標。」聽聽看，這是多麼寫實，多麼赤裸裸的描述！大概每一個媽媽讀到這樣的描述都會心頭一驚，並且立刻反省當自己在一個勁兒地發牢騷的時候，是不是也同樣會給孩子這樣不太美好的感受？

不過，很值得一提的是，小作者也說，「我雖然很不喜歡聽到媽媽的牢騷，但是想到媽媽的處境就會同情她……」」。由於小作者願意盡力去體諒媽媽，這就使得作品有了比較正面積極的意義；如果小作者始終停留在對於媽媽的牢騷非常反感的層面，那這篇作品就會給人一種完全不同的感受了。

寫成長

「成長」是少兒文學中永恆的題材，不過那都是成人（少兒文學作家們）來寫孩子們的成長，如果是孩子自己來寫這個主題，或許會有很不一樣的詮釋。

施宇生（小六）

親愛的聖誕老公公：

好久沒給您寫信了，不知道遠在芬蘭的您還好嗎？

還記得第一次認識您是在我三歲時，透過爸爸所買的故事書，我認識了您這個忘年之交。在我印象中，您滿臉純白的鬍鬚、慈祥的臉孔、發福的身軀，讓我第一眼就喜歡上您。從爸爸媽媽口中，得知您住在一個遙遠的地方。每年聖誕前夕的夜晚，您總會駕著馴鹿拉的雪橇，拿著大紅袋，悄悄地把禮物送給全世界的乖小孩。

四歲那年，我進了幼兒園，也在那一年的平安夜寫了我生平的第一封信給您。信上告知您我這一年的表現和所希望得到的禮物。結果，我的願望果真在第二天實現了。

五歲那年，我們全家在吉隆坡歡度聖誕節。當時，我非常擔心因不在家而拿不到聖誕禮物。然而，爸爸卻一再地告訴我不必為此事而擔心，因為聖誕老公公您神通廣大，可找到我們的去處。第二天，當我起身時，發現爸爸的話果然應驗了。

接下來的日子，我每年總會在平安夜寫信給您。在信上，我告知了您我的

狀況和願望，而這麼多年來您從未讓我失望。聖誕節已成為我最盼望的日子，而我總是會把小襪子掛在窗前迎接您的禮物。

進了小學，隨著年齡的增長，我開始對您的存在半信半疑。我曾嘗試向父母詢問，而他們的答案卻是「長大後，你就會知道。」今年的聖誕前夕，躺在床上準備就寢的我，迷濛中看見一個熟悉的身影，把禮物放進掛在窗口的小襪子。頓時，我明白了一切。前幾天，媽媽告訴我聖誕老公公因為不能分身照顧世上的每一個小孩，所以就送給他們爸爸媽媽。

親愛的聖誕老公公，這是我寫給您的最後一封信。感謝您多年來送給我的禮物和對我的關愛。是您在我的成長歲月中給了我希望和美好的回憶，或許我們不會再見面，但我會永遠記得您。

祝您

生活愉快

愛您的小朋友　宇生上
2006年12月30日

【點評】

這篇作品所涉及的時間跨度很長，前後長達九年，但小作者裁剪合宜，只寫了其中代表性的四個年頭——三歲那年從故事書認識了聖誕老公公，四歲那年第一次寫信給聖誕老公公，五歲那年頭一回見識到聖誕老公公的神通廣大，而今年則是最後一次寫信給聖誕老公公。

之所以不會再寫信給聖誕老公公，是因為小作者對聖誕老公公的存在，已經由「深信不疑」到「半信半疑」，終於到恍然大悟，小作者長大了。全文所描寫的其實也就是

一個成長的故事，讀來十分溫馨，特別是媽媽對於世上為什麼會有聖誕老公公的那番解釋，令人動容。

小作者的文筆非常流暢，題目也定得很好。

寫體會

「體會」和「成長」不同；「成長」著重在人物（在小朋友的記敘文中通常就是指小作者自己），「體會」則是指小作者經過某一件事情的啟發之後，從此對某一個人、事、物有了新的看法。我覺得「讀書心得」也屬於這個主題，因為一篇好的讀書心得，都是好在能夠談出閱讀了這本書之後的體會。

例文17

老師的一句話

林咸佑（小六）

「只有從來不嘗試的人才不會犯錯。」這是黃老師對我說過的一句話，至今仍在我耳邊響起。

還記得那天上體育課時，黃老師早已在操場上準備了一個跳箱及厚厚的墊子。「哇，原來今天老師要教我們跳箱哩！」同學們不禁振臂歡呼起來。我心裡暗叫不妙，因為我知道黃老師是絕對不允許我們做「逃兵」的。

黃老師一面解釋，一面示範跳箱的動作。只見他飛一般地跑到跳箱前，兩手按著箱背輕輕一躍，像羚羊般地越過跳箱，整個人落在墊子上，同學們不禁

拍手叫好。

男同學很快地就掌握了這技能。女同學也不落人後，個個信心十足的躍了過去，黃老師不停地點頭、微笑、鼓掌……很快的就輪到我了，我吃力地跑到跳箱前，卻停了下來。同學們都忍不住笑了起來，老師命令我再試一遍。天哪！那跳箱像一座小山，擋住了我的去路，我怎麼能跳過呢？

我遲疑著不敢上前嘗試。這時，老師走了過來，再示範給我看，然後拍拍我的肩膀說：「只有從來不嘗試的人才不會犯錯。」

這句話就像一支強心劑，我鼓足了勇氣，加快腳步跑到跳箱前，雙腳在踏板上用力一蹬，兩手在箱背上用力一按——「啊！跳過去了！」同學們都歡呼起來，鼓勵的掌聲令我感動得快流出了眼淚。

老師的那一句話讓我成功地克服了心理障礙，能像其他同學一樣，一次又一次地躍過那個跳箱。

【點評】

像這樣的題目，通常有兩種寫法：一種是先趕快告訴讀者，老師所說的那句話是什麼樣的一句話，當然必須是頗有點道理，值得回味與深思的一句話，然後再告訴讀者，老師是在什麼樣的情況之下說了這句話；另一種是先跟讀者賣個關子，先去描述事情，然後才告訴讀者老師到底說了什麼話，這句話又對自己產生了多大的激勵作用。

在這篇作品中，小作者所採用的是第一種寫法，就文章的結構而言是相當四平八穩的一種方式。不過這篇作品最大的長處還不是結構，而是在描寫老師示範如何跳箱，以及自己最初的恐懼，緊接著如何又在老師一句話的激勵下完成跳箱的整個過程，寫得非常的活潑生動，相當可喜。

易馨慈（小四）

除了課本，我最愛閱讀的是故事書。可是，在一個很偶然的情況下，我在班級圖書櫥中，看到了一本題目很普通、內容卻讓我感到極為深刻的書，那就是《野生動物》。

這本書的作者馬爾柯姆・潘尼以圖文並茂的方式，告訴我們關於世界上有很多不同種類的野生動物正面臨著種種生存危機。而這位作者本身就是一位動物學家。他出版這本書的目的是要呼籲更多的人去拯救這些數量逐漸減少的野生動物。

在書中，作者讓我們認識面臨絕種的活潑可愛的狐猴、高大強壯的黑猩猩、凶猛的美洲虎、紅色的金蟾蜍，以及長著白鬍鬚的獠狨王，甚至包括世界最大的鯨魚類。這些面臨絕種的動物只是冰山一角，還有很多動物將在不知不覺中從我們的地球消失。

為什麼這些動物會面臨生存的危機呢？是因為好幾個世紀以來，人類一直在捕殺各種動物和鳥類，為了獲得牠們的皮毛、羽毛和肉類或只是作為一種運動和娛樂。也有的人捕殺野生動物只是為了要延續世代相傳的傳統習俗。另一個更大的原因是人類不斷地砍伐樹木，汙染海水。

書末希望我們能夠參與各種綠色和平組織，除了環保以外，更要保護有權利生存在這個地球上的動物。從書本傳達的訊息中告訴我們，如果連我們都不關懷我們的世界，終有一天，人類也會自食其果，面臨種種生存的問題。

看了這本書以後，增廣了我不少見聞，更加佩服作者及其他工作者，為地球付出了偉大的貢獻。

【點評】

寫讀書心得最怕的是寫得拉拉雜雜，沒有重點，讓沒看過該書的人看得糊裡糊塗，弄不清楚那本書究竟是在說些什麼。這是寫一篇讀書心得的作品，卻寫得很好，小作者提綱契領、掌握重點的能力非常好，尤其難能可貴的是，小作者還只是一個四年級的小朋友。

小作者對於這本書的評價——「一本題目很普通、內容卻讓我感到極為深刻的書」——非常中肯，讀了這篇作品，相信這樣的評價也很能得到讀者的認同。

寫溫情

善良的人總是相信人間處處有溫情。在社會大大小小的角落，經常都會有一些溫情的小故事在默默地上演；每當碰到天災人禍的時候，留意一下新聞報導，也不難發現這一類的故事。

許素瑄（小六）

暑假裡的一天下午，我做完了作業，興致勃勃地出去玩。剛出門口時，忽然聽見背後沙沙作響。我回頭一看，是一個十歲左右的小女孩在那裡。她身上穿著一件又髒又小的半袖衫，腳上套著一雙肥大的破皮鞋，正在用雙手認真地

翻著門口的垃圾堆。當發現飲料瓶、易開罐之類的東西就拾進身邊的袋子裡。

忽然，她像發現寶貝似地從垃圾堆裡拾起一本書，小心翼翼地拂去上面的灰塵，好像怕弄壞似的。然後，她便蹲在那裡認真地翻閱起來。她看得那麼專注，那麼投入，以至於我到她背後，她都沒有發現。我往書上一看，不禁愣住了，這不是我昨天剛扔掉的故事書嗎？這時，她才察覺到身後有人，慌忙合上書，轉過身來怯生生地看著我，那眼神裡充滿了戒備和懷疑。我們倆就這樣默默地對視著，過了一會兒，她從口袋裡掏出一塊舊書帕，仔細地把書包好，拾起她的袋子，轉身要走了。「等一等！」我突然有個想法，轉身匆匆跑上樓，取出一本自己珍藏多年的《兒童時代》合訂本，遞到她面前。她看了看書，又看了看我，眼睛裡閃出了晶瑩的淚水。小女孩無聲地接過了書，拾起袋子走了。

我完全沒有了玩的興致，站在那裡看著她瘦小的背影。我苦苦地思索著：

老師常說我們是國家的未來，難道那個小女孩，就不是嗎？難道就眼看著他們以拾垃圾生活？這一切使我百思不得其解。

我以一名小學生的身分呼籲：救救這些淒涼的孩子吧，願他們早日回到明亮而舒適的生活！

【點評】

生活中總不免會有這樣的時刻——在我們無意中目睹了某件事之後，心裡突然震動了一下；這篇作品，小作者所描寫的就是這樣一個特殊的時刻。

「取材」是這篇作品第一個成功的地方，其次是小作者寫作的態度，非常真誠，極富感染力。不僅是小作

者在描寫事件過程的時候非常平實，並沒有過分煽情，小作者在心頭震動之後所發出的慨嘆（「老師常說我們是國家的未來，難道那個小女孩就不是嗎？……」）也非常自然和真實，完全符合一個十二歲孩子的心智，一點也不做作，因此，雖然沒有高談闊論，反而使讀者也由衷地心生感慨。

寫大自然

並不見得非要是名山大川才叫作大自然，重點是要能夠細膩地觀察，並由衷地欣賞，方能看出其中的美妙。

例文20

顏婉彬（小六）

早晨，薄霧籠罩著公園，像披上一層紗，煞是迷人。剛升起的朝陽，使公園朝氣蓬勃。陣陣涼風徐徐吹來，令人心曠神怡。站在綠油油的草地上，如佇立在青色的地毯，感覺多柔軟，真讓人想在草地上盡情地打滾。我愛在周末的早晨徘徊於公園中，欣賞大自然的美景。

公園右邊一隅，是一個碧綠的湖。湖面光滑如鏡，那綠得發亮的湖水把我吸引住了。湖中央有一座曲折的小橋，這座小橋能讓遊客從湖的這端走到湖的那端，並且一面走一面餵食湖中的小魚，樂趣無窮。湖裡的水清澈見底，只見

魚兒逍遙自在地遊來遊去，不時浮出水面啄食麵包，非常可愛。湖邊也有幾朵含苞待放的蓮花，猶如幾個含羞答答的少女，姿態美極了！

湖畔有許多高聳入雲的大樹，彷彿衛兵忠心地守著公園。「吱吱吱」，樹上傳來悅耳的鳥鳴聲，像在演奏一曲交響樂，動聽極了。還有石徑旁嬌豔欲滴的花兒，正迎著風，輕盈擺動。啊！牠們還吐露著芬芳的氣味呢！難怪引來了翩翩起舞的蝴蝶。石徑旁的草兒經過昨夜雨的洗禮後，沾上了晶瑩剔透的露珠兒。

公園裡有幾張長椅，只見五、六個老人正在打太極。他們看起來神采飛揚，個個龍馬精神。他們在練功時十分認真，就算汗流浹背，也不肯停下來，仍然繼續練下去。不遠處也有兩位老人在陰涼的大樹下下棋。他們倆的棋藝旗鼓相當，鬥得難解難分。大家都享受著那份閒情逸致。

不知不覺，太陽已高掛天空，我也該回去了。幽美迷人的公園，下周見！

【點評】

一般來說，描情敘景的文章因為比較靜態所以比較難寫。這一篇是寫得相當不錯的作品。

小作者的成功之處主要表現在兩方面。

首先，小作者的文章有一個隱藏的主線，那就是小作者本人在公園行走的動線。有了這樣一條主線，文章素材就不至於太雜、太散，無形中就有了組織；其次，小作者不僅描寫了公園的景色，也描寫了公園裡的人，這麼一來，文章就在靜態之中增添了一些動態，等於也是有效地為文章添加了一些活力。大家不妨留意一下許多有關大自然的畫作或攝影作品，都會出現一些人或動物，是有道理的。

寫道理

大人總喜歡告訴孩子們「你要懂事」；什麼叫作「懂事」呢？「懂事」就是明白了人世間許許多多的道理。因此，談道理其實本來也是一個很生活化的主題，當然也可以用很生活化的方式來處理，並不是非要小朋友背很多的名人名言，或者搖頭晃腦的假裝小大人，大談一些他們自己也不太明白、甚至不太相信的「道理」，事實上那樣的議論文通常都是很失敗的。

摺衣服

林豫寧（小五）

升上五年級後，媽媽分配工作給我以減輕父母的家務負擔。我選擇了摺衣服，因為可以邊摺邊觀賞電視節目。原本摺衣服的工作是爸爸做的。

在這之前，每個晚上吃過晚飯後，爸爸便開始準備摺衣服了。首先，他把燙衣板打開，再把洗乾淨曬乾後的衣服放在沙發上，然後便動手摺衣服了。爸爸先把衣褲從曬衣架上解下來，接著把衣服放在燙衣板上。他常先用手像電燙斗般在衣服上滑動，把衣服弄平拉齊，然後便開始細心地摺。不論是大人或小孩的衣服，經過爸爸那雙看起來粗大卻精巧的手，每件摺過的衣服就像超級市場玻璃櫃子裡的衣服似的，整整齊齊的。爸爸還細心地把家裡每個成員的衣服分開放，以方便我們把衣服收進衣櫃裡。每次爸爸都是在十五分鐘內把衣服摺好，多容易啊！

接過手的第一個晚上，我有模有樣地把燙衣板擺在電視機前，再把衣服平放在板上後，就打算一邊觀賞電視節目，一邊摺起衣服來，真是一舉兩得。除了爸媽的制服與我們的校服須掛起來外，其餘的都得摺，我先從小件的開始，如手帕、面巾、短褲……可是摺到爸爸又長又重的牛仔褲時，我把手伸長進褲管還找不到褲腳，等我把整條褲子翻過來時，我已經滿頭大汗了，而電視也播映廣告了。接下來就摺爸爸的冒牌T恤。它簡直就像個好玩的小孩，不肯聽話。我摺右邊，它的左邊斜了；弄平前方，後方卻一塌糊塗，怎麼拉也拉不齊。我開始灰心了，便把摺不整齊的衣服胡亂摺成一團，推進摺好的衣堆中。

我的一舉一動卻被一直站在身後不出聲的爸爸發現了，他微笑地拿起了我的「傑作」，示範給我看，然後對我說：「要把事情做好，一定要專心地去做，不能一心兩用。」於是我把電視關掉，認真地摺衣服了。果然，每件衣服都像溫馴的小綿羊，任由我擺布。

衣服摺好後，我也學爸爸一樣，要弟弟把衣服收進衣櫃裡。可是弟弟卻把我細心摺過的衣服隨意的塞放進櫥裡，姊姊也不例外。我看了，十分生氣，才深深體會到每次爸爸看見我們把衣服隨意塞進櫥裡的感受。

從這一件事，我明白了不論做任何事情我們都要認真，有恒心才能把事情做好，不要半途而廢，而且還要珍惜別人的付出，學習感激他人對我們所做的事。

我也告訴自己，從現在開始，我一定要把每一個家人的衣服整整齊齊的摺好。尤其是為辛勤持家的父母，分擔一些家裡的事務。

【點評】

「摺到爸爸又長又重的牛仔褲時，我把手伸長進褲管還找不到褲腳，等我把整條褲子翻過來時，我已經滿頭大汗了……」

這是一篇生動可愛，充滿童趣的作品。小作者向我們證明了一件事——不怕寫日常生活中平凡瑣碎的素材，關鍵是能不能寫得好。

怎麼樣才能寫得好呢？首要目標就是要先好好地觀察，特別既然是以「摺衣服」這件事作為素材並以此為題，如果不能對「如何摺衣服」有所描繪或展現，就會很失敗。而小作者不僅描述得很好，還描述得很有層次。從一開始以為摺衣服很輕鬆，可以邊摺邊看電視，到發現原來想摺得好並不容易，再到如何改進，以及如何將心比心，體會到應該「珍惜別人的付出，學習感激他人對我們所作的事。」內容相當充實，表達得也非常流暢自然。

寫難忘的經驗

要寫這個主題絕不能勉強，一定要真的有什麼難忘的經驗，才能來好好地加以處理。

吳勇邦（小五）

去年漫長的年底假期中，我和家人到新加坡去旅遊。

有一天晚上，我和家人已經橫掃新加坡的多間商場後，大有收穫，興奮且筋疲力盡，便打算搭乘地鐵回飯店。只見地鐵站內人山人海。在等候地鐵到來的當兒，媽媽簡單講述乘地鐵的規則。

「嗡……嗡……嗡……」地鐵即將到達的鳴聲響了。我和家人便「衝」進去找位子。地鐵裡熙熙攘攘，好不熱鬧。媽媽苦口婆心地勸我們坐在一起。但是，我和哥哥卻自作聰明，坐在另一個車箱。待我們做好安全措施後，地鐵便快速地移動了。

當報告員報告到達目的地時，地鐵門打開了。哥哥輕快地跑了出去。忽然，我的錢包從口袋掉了下來。我快速地撿起錢包後，便往地鐵門跑了過去。剎那間，門竟然關了。我害怕得魂不附體。眼睜睜地看見家人已站在地鐵站的月台內。而我呢？只能呆在車箱內。頓時，有如青天霹靂，內心聲嘶力竭，不知所措，眼淚在眼裡打滾著，緩緩地從我眼裡掉落下來。隔在地鐵門外的家人比手畫腳地看著地鐵開走，束手無策。就在地鐵往下一站出發的短短幾秒內，我覺得好像過了幾年……

我的心情忐忑不安，腳開始發軟，站不立，坐不安，腦海裡一片空白。

兩位女乘客目睹了事情的經過。她們向我伸出援手，並安慰我，讓我平復心情。她們樂於助我找回家人。

心亂如麻的我，這時收到家人傳來的一通簡訊，要我在下一站下車。我頓時鬆了一口氣。

數分鐘後，兩位女乘客陪我在下一站的月台等候家人的到來。一分鐘……二分鐘……三分鐘……過去了，我如熱鍋上的螞蟻，等待著。

突然，我眼前一亮，看到一個熟悉的背影，直覺告訴我那就是……就是……媽媽！於是，我不管三七二十一地喊了一聲「媽」！我如閃電般地跑向媽媽的方向。媽媽喜極而泣的把我緊抱在懷裡。我們抱成一團，流出來的眼淚有興奮的、溫馨的、悲傷的、緊張的、驚慌的……總之就是我們……相聚了！

家人連忙誠懇地向她們道謝，並握手道別。

我的雙腳仍然在發抖，父母扶著我，一步一步地離開。我終於明白什麼是

「愛」了。我也後悔時常把媽媽的勸告當成耳邊風，才會釀成今天這個有驚無險的經歷。

頓時，我好像上了一堂寶貴的課。我會永遠把這件事情銘記在心中。最後，我要向家人說一句話：「謝謝您們，我永遠愛您們！」

【點評】

寫這樣的題目，就和「一件我最難忘的事」一樣，選材幾乎可以說是文章成敗最重要的關鍵；也就是說，既然你要寫一件令你刻骨銘心、令你難忘的事，那麼，這件事就不能太過平凡，必須有一定的分量，如果還能讓讀者在讀完之後感同身受那是最好。

這篇作品，小作者寫的是自己在異國差一點就和家人分離的事情，確實是值得一寫的題材。雖然稍後家人就用手機簡訊聯繫上了小作者，說「差一點分離」可能還有些誇張，但是考慮到作者畢竟還只是一個孩子，在那麼極為短暫的時間裡，眼看家人都已下了車，只有自己一個人還孤零零的留在車廂裡，和家人隔著已經緊閉的車門互望，著急地比手畫腳，這種經驗確實也是夠可怕、夠稱得上是刻骨銘心的了。

其次，小作者在重述整個事件的時候，也保持了相當不錯的臨場感，特別是那種焦慮、緊張和害怕的感覺，非常傳神。「流出來的眼淚有興奮的、溫馨的、悲傷的、緊張的、驚慌的……總之就是我們……相聚了！」這一個句子的表達尤其精采。

寫奇想

小朋友往往會有很多很精采的奇思妙想，如果不寫，實在可惜！

例文23

古怪食品館

黎可怡（小五）

「鈴……」，鈴聲響起，培南華小放學了。同學們剛出校門，就發現校門口不知在什麼時候開始出現了一間食品館。食品館門面雖然不大，可上面掛的招牌卻挺醒目——古怪食品館。同學們都商量著要在明天來這兒吃早餐，看看到底有什麼古怪的食品品嘗。

第二天早上，學生們一窩蜂似地擠進了古怪食品館。學生們翻著桌上的餐譜，不禁異口同聲地驚呼起來：「真是怪食品！」只見餐譜上寫著「樸素饅頭」、「太陽餅」和「勤奮包子」等等。

這時，門外又走進來四個小學生，他們分別是永健、永康兩個小子和可微、可怡兩個丫頭。他們剛坐下，服務員便端上了食品，食品分別是：永健的「鍛鍊餅」和「跑跳糖」；永康的「什麼都吃餅」和「美味糖」；可微的「勇敢餡的孩子」；可怡的「勤奮包子」和兩塊「認真巧克力」。四個孩子被那香噴噴的食品吸引住了，他們放開肚子地狼吞虎嚥。

凡是在食品館吃過食品的學生回到學校或家後，都會發生怪事。永健從不鍛鍊、不勞動，可他在古怪食品館吃過食品後，回到學校就繞著操場跑了幾圈。回到教室後又主動打掃課室。永康特別挑食，豆子不吃、蘿蔔不吃，身體瘦得像根竹竿。可吃過「什麼都吃餅」後，一下子就轉變了。回家後飯菜吃得

津津有味，吃什麼都覺得美味無比。可微的變化也很大，她從小嬌裡嬌氣的，可吃了「勇敢餃子」後，她不再怕蟲子了。可怡是一個成績很差的女孩，可吃了這頓早餐後，她變了。她上課再不走神了，成績自然也提高了。

越來越多的小學生慕名而來，大部分的學生都改掉了壞毛病。在最後一個學生改掉壞毛病的第二天，古怪食品館關門了。

【點評】

這同樣是一篇相當出色的童話作品，最大的特色是充滿了童趣，非常真實自然和可愛地表現出孩子們獨特的異想天開的思維。

在大人的眼中，總覺得孩子的身上有這樣那樣的毛病，並且經常嘮叨、訓練要孩子們改掉這些毛病，但是，想要改掉任何毛病都實在是太累啦！（不信的話，大人自己來試試看！）於是小作者異想天開想出這麼一個「古怪食品館」來。這樣的食品館就是專門為小朋友所開設的，每一種食品解決一個小朋友身上普遍存在的毛病，只要吃下這些古怪神奇的食品，該改掉的毛病立刻就沒了，這多簡單、多輕鬆啊！而當最後一個學生改掉壞毛病之後的第二天，古怪食品館就功成身退，關門大吉。

在童話作品中，好的創意往往都是來自於生活，來自於一種異想天開；這篇作品就是一個很好的例子。

語文活動3：聯想訓練

當我們看到什麼、聽到什麼、感覺到什麼的時候，經常都會很自然地有所聯想。比方說，當我一看到小朋友，很自然地就會聯想到我那兩個現在都已是大學生的兒子當年還在上小學的模樣；看到桌上有著哆拉A夢圖案、還會唱著哆拉A夢主題曲的音樂盒，就會想起送我這個音樂盒的好朋友；第一次遠遠地一看到吉隆坡的雙塔，從雙塔的外型很容易讓人聯想到兩根玉蜀黍等等。問題是這些聯想常常都只是一個小小的點，一閃即逝。透過這個語文活動，我們要引導小朋友如何把一個小小的點，慢慢延伸到一條線、最好還能延伸到一個面，這樣的素材就可以拿來作文了。

我們不妨給小朋友一個主題，要求小朋友根據這個主題，盡量地聯想，角度要愈多愈好。

①咖哩

咖哩麵、咖哩飯、咖哩雞、咖哩牛肉、咖哩豬肉、咖哩魚頭……

（慢著慢著，怎麼全是吃的啊？角度太少、太單一了。）

辣、咖哩雞、好吃、很香、媽媽、第一次離開家。

（這個小朋友的聯想是這樣的：「咖哩雞」是他媽媽的拿手菜，很好吃，就是有的時候好像太辣了一點。有一次，他和幾個同學代表學校去外地參加一項數學競賽，這是他第一次離開家，本來他很興奮，一心以為自己一定會樂不思蜀。沒想到在抵達競賽城市的當天晚上，吃過晚飯大家在附近散步，經過一家賣咖哩飯的小店，一聞到從裡頭傳出來的咖哩香味，他一下子就想到了媽媽，也一下子就想家了。——只要再多琢磨一下，選好角度，這不就可以寫成一篇作文了嗎？）

②鋼琴

好難、玩具、麥當勞、媽媽、比賽。

（這個小朋友針對鋼琴的聯想是這樣的：小時候，她覺得鋼琴像一個大玩具，很好玩，

去上鋼琴課的時候媽媽總會帶她去吃麥當勞，也很好玩。可是，因為每天都要練琴，而且一彈錯就會挨罵，彈鋼琴慢慢地就沒那麼好玩了。她更害怕一碰到學校要舉行才藝比賽的時候，媽媽就會變得更歇斯底里。她覺得很委屈，媽媽自己又不會彈鋼琴，都不知道彈鋼琴有多難，為什麼每次她一彈錯，媽媽就要那麼凶啊？現在她不想再繼續學鋼琴了，就算每次去上課媽媽還是會帶她去吃麥當勞，她也不想再學了。）

表姊、三角鋼琴、音樂盒、下大雨、生日禮物、壓歲錢。

（這個小朋友的聯想是這樣的：她和表姊相差兩歲，感情很好。在她的心目中，表姊長得又漂亮，又溫柔，還多才多藝，會很多自己所不會的事，表姊的鋼琴還彈得特別好，令她很佩服。表姊是她的偶像。表姊的生日快到了，那天，她無意中看到一個白色三角鋼琴造型的音樂盒，想起曾經聽表姊說過長大以後一定要買一個三角鋼琴，於是打算用壓歲錢把這個並不便宜的音樂盒買下。本來計畫得挺美，滿心以為替表姊買下這個生日禮物以後，壓歲錢應該還會有一點剩下，沒想到在過年的時候，爸爸媽媽說因為經濟不景氣，今年的壓歲錢也要打折，這麼一來想買這個音樂盒的錢就不夠了。要不要動用存款呢？媽媽會不會答應呢？——顯然，這個小朋友所聯想到的事情還在進行中，還沒結束，所以至少應該等到事情發展到一個段落之後再來處理。）

做這個練習的重點是，要讓小朋友們知道，作文其實就是一個聯想的遊戲，關鍵是我們要能夠把握住一個重點或是一個主題（就好比作文題目），然後好好地、認真地、集中聯想，再把聯想所得細心穩妥地做一番處理，就會是一篇好作文了。

第三課：如何從書本裡汲取營養

作文就是聯想的遊戲。那麼，我們該如何來加強和提高自己的聯想力呢？

我覺得最重要的就是要讓小朋友養成「看」的習慣。看什麼呢？看人、看東西、看周遭的環境、看大自然（以上四個「看」其實也就是「觀察」的意思），當然，最要緊的還是要看書。

愛因斯坦有一句名言：「想像比知識更重要。」這句話愛因斯坦究竟是在什麼時候說的？當時的語境是怎麼樣？上下文又是如何？大家都不清楚，於是長久以來這句話就一直被誤導，很多人以為，連鼎鼎大名的大科學家愛因斯坦都說想像比知識更重要啦，可見我們只要會胡思亂想、會胡編一氣就可以啦，實際上一個知識不夠、常識貧乏的人，他的聯想能力必然也是很有限的。

舉一個很明顯的例子。同樣是科幻片，同樣是幻想N年後的生活場景，你覺得究竟是二十年前科幻片的感覺更逼真呢？還是現在科幻片的感覺更有說服力？相信大家都會說，當然是現在的科幻片做得更好，看起來更真實嘛，對不對？原因很簡單，因為現在的科學比二十年前要進步得多啊，站在現在的科技基礎之上再來幻想未來，自然是更逼真了。

再舉另外一個例子。想想看，每當我們在學習新的知識和新的技能的時候，是不是都必須運用現有的經驗為基礎？所以只要是喜歡玩樂器的人，會了一種樂器之後，再學第二種總是比一般什麼樂器都不會的人要學得快，領悟力會更好，這個道理是一樣的。因此，千萬不要輕視知識的累積；知識愈豐富，聯想能力必然會比較好。

杜甫形容自己「讀書破萬卷，下筆如有神」，我覺得那個所謂的「神」，其實就是一種聯想，一種靈感。

◎ ◎ ◎

現在的孩子都是出生成長於電腦時代，也許很多小朋友會問：「那我每天都會在電腦上看東西，這應該也算是閱讀吧？」

是啊，廣義的閱讀當然包括了閱讀報章雜誌以及電腦上的文章，這些雖然也很重要，有時也的確能看到一些不錯的文章，但是它們主要的性質仍然是「資訊的獲得」，和「知識的累積」還是不一樣的。「天下沒有白吃的午餐」，想要獲得知識，還是必須要透過看書，並且在閱讀

的過程中不斷地消化和思考，這樣你所閱讀得來的寶貴知識和心得才能真正變成是屬於你的東西，否則如果只是聽聽演講、看看社教性的電視節目之類，也許當時你也會覺得頗有收穫，獲得了不少知識，然而，像這樣來得太容易、不是經由自己潛心閱讀和思考所獲得的知識，往往也都是隨看隨忘。

有國外的學者說，這也就是為什麼明明現在Google這麼方便，但是現在的大學生卻反而普遍頭腦簡單、智力下降的原因：就是因為以前你需要花很多時間在圖書館裡苦讀、查資料，再經過一段時間的消化和吸收，才能屬於你、內化成為你生命一部分的知識，現在只要Google一下就通通搞定，太容易了，這麼一來久而久之大家自然也就愈來愈不用腦子了。我覺得這種看法還真的是有一定的道理。

所以，我們一定要讓孩子們明白，不管時代再怎麼變化，不管科技再怎麼進步，讀書的重要性（**以及閱讀的樂趣**），還是其他任何一種管道所不能取代的。

◎◎◎

想要學好任何一種語文（當然包括了中文），光讀課本絕對不夠，一定還需要大量的課外閱讀。一個人只要閱讀量夠大，語感自然就會比較好。

在小學和國中階段，還特別應該加強古典文學的閱讀，用古典文學來打好語文的基礎。因為，古典文學早就是文化的一部分，如果不能掌握古典文學，語文肯定沒有辦法學好。

有一道出現在漢語能力鑑定考試中的題目，大致是這樣的——

小王打電話給小張，問小張：「小張啊，小劉來了沒？」小張說：「喔，你問小劉啊，他還沒到，不過他半個小時前打過電話說已經在路上，應該就快到了吧。」就在這個時候，「叮咚」一聲，門鈴響了，「說曹操，曹操到」，請問是誰到了？

這是一道選擇題，答案有四個選項——

①小王

②小張

③小劉

④曹操

結果，很多外國人毫不猶豫就勾了④！而且還滿心歡喜地誤以為這是一道送分題呢，因為題目中不是都已經明明白白的說了是曹操這位先生到了嗎？

為什麼會發生這種天大的誤會？就是因為在外國人的閱讀經驗中，並沒有「說曹操，曹操到」這句俗語啊。

在很多小朋友的作文中，經常會有類似「張飛打岳飛」的情節，或者以為劉備和劉邦是一家人，令人啼笑皆非；會出現這樣的謬誤，實在都是讀書（特別是古典的部分）讀得太少的緣故。

◎　◎　◎

也許你會擔心，「古典」——聽起來好像跟我們很有距離，小朋友會有興趣嗎？要回答這個問題，我們不妨先來看一首繞口令：

顧老頭本姓顧，
上街打醋帶買布；
買了布，打了醋，
回頭看見鷹抓兔；
放下布，擱下醋，
上前去捉鷹和兔；
飛了鷹，潑了醋，
打溼了顧老頭的布。

是不是覺得很熟悉？如果你念給小朋友聽，他們一定會說：「哦，我聽過我聽過！」如果你再問：「在哪裡聽過？」他們一定會告訴你，在流行歌曲裡聽過！——可不是？SHE的暢銷曲《全世界都在學中國話》裡頭，用到過這首繞口令，而這首繞口令就是民間文學哪。

再比如《金銀島》、《簡愛》、《傲慢與偏見》、《福爾摩斯》、《愛麗絲夢遊仙境》等名著，都一直不斷被改編搬上銀幕，也一直深受觀眾的喜愛；長久以來，多少創作者都不斷地從古典文學中汲取營養，提升自己的藝術生命。古典文學是豐富的寶藏，其中所能提供給我們的資源是取之不盡，用之不竭的。

例文24

假如我有超能力

李依寧（小六）

傳說中有「十兄弟」，他們都各自擁有一種「超能力」。我是個非常貪心的人，如果我也能擁有「超能力」，我希望能彙集他們「十兄弟」的本領。

首先，我希望變成大哥「千里眼」。考試前，我要用我的「千里眼」去偷看老師手中的考卷，這樣，我每個科目都拿定一百分了，哈哈！接著，每當老師在講課，而我又覺得無聊時，我希望能變成二哥「順風耳」，我要豎起耳朵，偷聽933電台所播放的《中國話》，厲害吧！

每回走在路上，我最怕遇上雨天又沒帶雨傘了。這時，我要變成「大力三」。只要我隨手拔起路邊的大樹，充當雨傘，我就不會變成落湯雞了。學騎自行車，是我最怕的一件事，因為我怕「跌倒」。所以，我也希望自己是「嫩皮四」，怎麼跌也不覺疼。

每次看見媽媽拜神，我的心裡總有個疑問：這世上真的有神仙嗎？如果我是「飛天五」，那麼我會飛上天，看看那兒是否住著神仙，如果真的有神仙，我會請祂保佑父母長命百歲。

一直以來，我都非常羨慕別人騎著摩托車在馬路上飛馳，但騎摩托車必須戴著那千斤重的頭盔，非常不舒服。所以，我希望自己能變成「銅頭六」，這樣，騎摩托車時，就不需戴頭盔了。向來，我都是班上最矮的。所以，我也希望成為「高腳七」，看同學們還敢不敢取笑我是「矮冬瓜」。

每當小孩說謊話時，大人們總愛說：「小孩子說謊，死後會下地獄，鬼差叔叔還會割斷你的舌頭哦！」如果我是「遁地八」，我一定要「遁」到地底，

看看是否有這麼一回事。

現今的社會有許多不良分子，他們不務正業，終日為非作歹。如果我是「大口九」，我要張開嘴，大力一吹，務必把那些壞人吹到一個小島上，讓他們面「海」思過。最後，我也想變成「大哭十」。因為我最愛游泳了，只要我大哭一場，便能浸泡在自己的「淚海」裡，不知滋味如何？

以上的「超能力」，或許只有在遊戲裡才能擁有吧！現實裡的我，還是「好好努力，天天向上」，為自己的將來鋪上一條「黃金路」，那才是最穩當不過的。

【點評】

從題目上看來，也許會覺得這篇作品並不算太新奇；孩子們總不免會異想天開，很多小朋友都寫過這樣的題目或相同主題的文章，但是讀完全文，我認為這是一篇很有創意的作品。

首先，這是一篇植根於古典文學所進行的再創作。《十兄弟》原本是一個帶著童話色彩的民間故事，非常誇張，非常有趣，小作者以充分的想像，「以一抵十」，把十兄弟各自擁有的特殊本事，統統集中在自己一個人的身上，構思相當奇妙。而想要浸泡在自己「淚海」裡的想像，又頗有英國經典童話《愛麗絲夢遊仙境》的影子。小作者吸收了東西方經典文學的營養，而這種活用經典、有所本的想像，別具一番風格。

其次，小作者還很能駕馭自己的想像。瞧他不慌不忙地把十種特異功能、十種超能力一個一個地與自己的真實生活聯繫在一起，是那麼樣地純真自然，顯示出小作者縝密

的思考能力。這很不容易，因為一般幻想性的作品，往往會犯上「能放不能收」的毛病，而小作者的想像卻能給人一種收放自如的感覺，讀完全文，會使讀者恍若參與了小作者一次想像的遊戲。既是遊戲，小作者說想用「千里眼」去偷看老師的考卷，相信大家也只會當成是一種玩笑話，不會去認真計較的。而小作者想變成「飛天五」，找到神仙的第一件事，是希望請神仙保佑父母長命百歲，則又讓人感覺非常溫暖。

孩子們往往是很擅於自得其樂的，這篇作品就是很好的例子。

◎　◎　◎

就算只是站在讀者的角度，如果有古典文學方面的修養，你在欣賞現代作家的優秀創作時，也更能看出其中的奧妙。譬如小朋友都很喜歡的《哈利波特》系列，其實裡頭就有不少希臘羅馬神話故事以及歐洲古典童話的影子。

那麼，我們該怎麼樣來提高小朋友閱讀古典文學的興趣呢？

除了不妨為小朋友選擇一些合適的古典文學少兒版或兒童版之外（因為古典文學幾乎都是成人文學，孩子們很難直接去閱讀原著），我覺得最重要、也最有效的辦法就是——老師必須首先對古典文學相當熟悉，最好還能是一個說故事高手，這樣才能經常信手拈來、很自然地和小朋友說故事（說些古典文學中精采的故事），再加上還可以不時做些有獎問答的活動，來激發小朋友的興趣。

語文活動4：誰是看故事大王？

讀書要懂得整合，以下這些題目不但可以考驗小朋友看書看得夠不夠，也可以考驗他們有沒有整合消化。我在想，我們大人如果多設計一些這一類的題目，應該比較能夠帶動小朋友閱讀的興趣吧。

①今年是虎年，四個字中有一個字是「虎」的成語有哪些？

（虎虎生風、狐假虎威、虎頭蛇尾、虎落平陽、虎口拔牙、虎視眈眈、龍爭虎鬥、三人成虎、龍騰虎躍、馬馬虎虎……）

②有趣的歇後語：

一二五六七——（　　）（丟三落四）

十五個吊桶打水——（　）（七上八下）

十五塊布料做衣服——（　）（七拼八湊）

一肚子加減乘除——（　）（心中有數）

鴨子逛大街——（　）（大搖大擺）

蒙著眼睛穿針——（　）（難過）

烏龜笑兔子尾巴短——（　）（彼此彼此）

③童話故事中的交通工具有哪些？

（《灰姑娘》中的南瓜馬車、《阿拉丁》中的魔毯、《拇指姑娘》中的燕子、《傑克與豌豆》中的豌豆、《西遊記》中的筋斗雲……）

好作文秘笈
1.
+5
2.
形容詞
副詞
成語
文字和詞彙的累積.
3.
+10
15 min break.
4.
擬大綱.
5
記得檢查它!
6.
把故事說的更精彩
Question.
Exclamation.
7.
善用比喻.
8.
+100
9.
結尾.
an excellent ending.

第四章 技巧篇

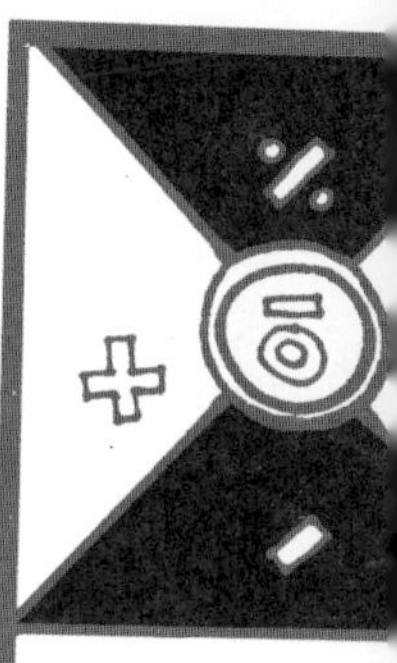

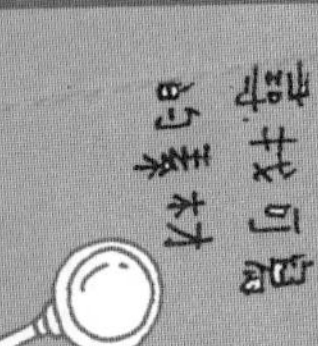

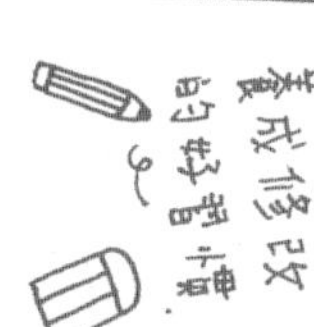

第四章 技巧篇

第一課：累積足夠的文字和詞彙量

有一次，有一個小朋友問我：「作文的時候是不是要注意修辭？」其實，這根本就不是一個問題，因為作文不比說話，當然要注意修辭啊，當然要比較追求「雅」啊，麻煩的是很多小朋友的腦袋裡根本就沒幾個字、幾個詞，你教他要如何修辭？

舉一個例子，月亮圓圓高掛天空，像什麼呢？有的小朋友說，像月餅，像一粒球（球的單位是「粒」嗎？），像餅乾（這個聽起來有一點童話色彩），還有的小朋友說

像我們的大頭！（這是什麼比喻啊？），接著有小朋友說，像一個盤子。我說，好，有一個、兩個字的詞，既可以形容月亮圓圓像盤子的樣子，還可以把月光的感覺也融入進去，知道這個詞嗎？小朋友想了半天都不知道，最後終於有小朋友想起來了，大叫道：「銀盤！」

對了，就是「銀盤」。如果你的腦海裡有「銀盤」這個詞，你在作文的時候這麼寫：「月亮圓圓高掛天空，好像一個銀盤。」，你不是就做到修辭了嗎？只要你所能掌握的字和詞愈多，你的詞彙量愈豐富，要做到修辭是很自然而然的事。

當然，有的老師可能會覺得，看到滿月就用銀盤來形容似乎太僵化也太沒創意了，其實我並不是認為凡是圓圓的月亮都一定得用「銀盤」來形容才算做到修辭，就好像如果是一篇童話故事，也許會因劇情需要，或許就應該把滿月形容成餅乾才會比較有趣；上面說的那個「銀盤」的例子，只是一個說明，我的意思是，身為老師，我們一定要注重孩子們基本功的訓練和培養，不要輕忽了基本功。畢竟，畢卡索的抽象畫和兩、三歲

孩子的信手塗鴉之作是有區別的吧。

對作文來說，最重要的基本功就是累積詞彙量。

我們可以用一些語文活動，來帶動小朋友對於這方面的興趣。

語文活動5：猜字謎

下面我就列舉一些有趣的猜字謎，可以讓每個小朋友都在本子上抄上幾題（比方說十題），然後看誰答對的最多。也可以分組競賽，看哪一組最厲害。

倒下一人——「到」

一口咬掉牛尾巴——「告」

早有苗頭——「草」

筆直一座橋，上立一頭牛——「生」

一手撐破天——「扶」

手足並用——「捉」

十個哥哥力量大，一切困難都不怕——「克」

去一撇就沒了——「丟」

半朋半友——「有」

一半滿，一半空——「江」

本人養鳥——「鵝」

一手包辦——「抱」

人在草木中——「茶」

遺失一張弓——「長」

畫時圓，寫時方，有它暖，沒它涼——「日」

語文活動6：語詞接龍

接兩個字的詞，第二個詞中的頭一個字，要和上一個詞中的第二個字完全相同。可以允許破音字，但不可以同音字；如果允許同音字，那就等於是允許寫錯字了。比方說，「感情」，可以接「情緒」、「情形」、「情況」、「情勢」、「情報」、「情節」、「情結」、「情感」、「情事」、「情人」等等，再一直往下接。

可以限定時間，比方說以五分鐘為限，讓在場的每個小朋友都接，等到時間一到，再讓大家數數看，看誰接得最多。當然，老師不妨還可抽樣檢查看看有沒有錯字，一有錯字，整個語詞接龍的方向就錯了。

也可以讓小朋友做兩次語詞接龍。第一次，讓兩個小朋友來到台前，用比賽的方式來做語詞接龍，兩個人就像接招一樣，一人接一個，輪流接，看誰先接不出來，這個時候台下的小朋友一定都忍不住想幫忙，這樣無形之中也就增加了他們的參與感。緊接著，第二次，就可以讓每個小朋友都寫在本子上，每個人都做，然後看誰能接得最多。

如果是要做兩次語詞接龍，第一次我會從「感情」這個詞開始讓小朋友接，第二次我會用「生活」這個詞（接下來可以接「活潑」、「活力」、「活躍」、「活動」、「活絡」、「活水」、「活期」等等）。為什麼要選擇「感情」和「生活」這兩個詞呢？其實，這就是一篇好文章的兩大元素，也可以說是想寫好一篇作文的兩大關鍵詞；因為好的文章都有這兩個共通點——都是取材自生活，又都飽含著真情實感。

語文活動7：語詞組合的遊戲

在黑板上寫下三個看起來好像根本不相干的語詞，要求小朋友用一個句子、或是一段話、或是一個故事，把這三個語詞聯繫組合在一起。下面我就舉三個例子，都是我在寫作營裡帶小朋友做過的，並且把我印象比較深刻的小朋友的寫法也羅列出來，供大家參考。

①「筷子」、「足球」、「字典」

◎我用筷子吃飯，用腳踢足球，用手來查字典。

（這個句子似乎有一點偷懶，也有一點勉強。）

◎放學回家，我先寫作業，碰到不會寫的字我就查字典。寫完功課就和朋友去踢足球。玩得正高興，媽媽叫我回家吃晚飯。吃晚飯的時候我用筷子，妹妹用湯匙。

（這段話把三個語詞就聯繫組合得比較自然了。）

◎放學以後，我和朋友一起踢足球。回到家，肚子餓了，可是媽媽不在，我就自己一邊用筷子吃泡麵，一邊看電視。看電視的時候看到電子字典的廣告。

（「電子字典」的部分很好，「一邊用筷子吃泡麵」卻不大自然。）

◎我有一個好朋友，他是馬來人，他的足球踢得很棒，對華文很有興趣。我們常常在一起，我們約定好，我教他怎麼查華文字典，他教怎麼我踢足球。

（這是馬來西亞小朋友所寫的。馬來西亞是一個多元種族的國家，馬來人大約有百分之七十，華人大約百分之二十五，其他還有印度人等等。我聽很多華人朋友都說，其實在老百姓的生活中，各族之間的相處還算很和諧，但是政客為了政治目的，一到選舉就老喜歡挑起種族紛爭。真是怪哉！看來哪裡的政客都是一樣，都是只為私利，不幹好事。這個華人小朋友所做的語詞組合，不但很自然，還融合了地方色彩，相當不錯。）

◎筷子、足球和字典在一起爭論誰比較慘。筷子說：「我比較慘，我每天都要不斷進出嘴巴那個黑洞。」足球說：「應該是我比較慘吧，我每天都要被人踢。」最後，字

典說：「你們兩個說得都不對，當然是我比較慘，我每天都要被人摸！」

（這是一個帶有寓言性質的小故事，滿有趣的。）

② 「玫瑰花」、「帽子」、「鳥籠」

◎姊姊的男朋友戴著帽子，一手拿著玫瑰花，一手提著鳥籠，來看姊姊。

（為什麼要特別申明是「戴著帽子」呢？感覺不大自然。）

◎魔術師從他的帽子裡變出一束玫瑰花，然後又把這束玫瑰花變成了鳥籠。

（這個小朋友大概是先從「帽子」聯想到「魔術師的帽子」，接著才會有這樣的處理，滿有意思的。）

◎我用玫瑰花來裝飾我的帽子和鳥籠。

（這個句子倒也滿簡潔的。）

◎我們全家出去逛街，爸爸買了一頂帽子給我，買了一束玫瑰花給媽媽，還買了一個鳥籠給他自己。

（這樣的安排雖然不會讓人眼睛一亮，至少還算是中規中矩。）

③「背包」、「蘭花」、「手杖」

◎我背著背包，爺爺拿著手杖，我們一起去看蘭花。

（如果再多描述一下是去哪裡看蘭花，比方說是去什麼公園、或是溫室、山谷，感覺就會更好。）

◎一個遊子，在回家的時候買了一根手杖和一盆蘭花，當作送給父母的禮物。

（三個語詞聯繫得很自然，我還特別喜歡「遊子」這個詞，很有味道，大概是讓我聯想起當年念大學的時候，大家都會唱的一首校園民歌〈浮雲遊子〉吧！）

◎每個人都有自己心愛的東西，奶奶的寶貝是她那十幾盆蘭花，爺爺的寶貝是他那根昂貴的手杖，我的寶貝則是我那有著可愛米老鼠圖案的背包。

（把三個語詞都做了一些延伸和擴充，感覺上就更豐富了。）

◎這三個東西就像人生，背包象徵著快樂的童年，蘭花象徵著美好的青春年華，手杖則象徵著夕陽西下的老年。

（這個句子是一位老師說的；有一次，我在寫作營中讓小朋友用這三個語詞來做語詞組合，結果有位長得很年輕的中年女老師也跟著舉手發言，很可愛，而且我覺得她形容得也很好。）

好作文
秘笈
GO
start
+5
文字和詞彙的累積.
成語
副詞
形容詞
+10
尋找可寫的素材
+5
養成修改的好習慣.
一個精彩的結尾.
an excellent ending.
+100
妙用比喻.
Exclamation.
Question.

第二課：如何擬大綱

我們對一篇文章的要求當然是有層次的。作文是有話要說，所以首先應該是要求作者能夠把話說清楚，其次則是要求還要能夠說得精采。這一課我們先談如何把話說清楚。

語文能力的提升（包括不斷累積詞彙量等等），既然是一件需要長期堅持的事，就不可能速成，而在加強孩子們文字基本功的同時，我們也要及早讓孩子們養成作文的好習慣；就好像我們不能等到把孩子教育到具備了某種知識水準之後，才再回過頭來教他良好的生活習慣一樣。有了良好的生活習慣，我們的生活就會比較有條理，而有了良好的作文習慣，寫起作文才也才能夠把你此時此刻的語文程度做最好、最充分的發揮。

什麼才是作文的好習慣呢？

那就是——不要只關心「要寫幾個字？」，不要一心只想把字數混滿就算交差，而一定要想清楚了再下筆。

千萬不要在腦袋還一團糨糊的時候，就提起筆來匆匆忙忙地開始寫，那樣是無論如何也不可能寫好的。很多小朋友在寫作文的時候，常常都是寫了開頭還不知道結尾在哪裡。或者愈寫愈不妙，寫著寫著腦袋就徹底卡住，捉襟見肘，不知道該怎麼繼續往下寫，甚至還前言不對後語。萬一是在考試的時候碰到這樣的情況，那就更慘，往往在你意識到寫不下去的時候就已經「回天乏術」，很難挽救了。

還有小朋友問我：「老師說我的作文總是跳來跳去，該怎麼辦？」

其實，我們的思緒本來就是很容易跳來跳去的，特別是孩子，所以如果你是順著自己的思緒來寫作文，想到哪裡就寫到哪裡，就好像是從菜籃裡隨手去拿材料，然後拿到什麼就煮什麼、隨隨便便亂煮一氣，一點計畫也沒有一樣，這麼一來，當然會出現很多問題。也許是材料的浪費，譬如明明是要做給兩、三個人，卻拿出足夠七、八個人吃的材料；或者明明有很好、很豐富的材料，卻做成一大鍋大鍋菜，沒有發揮材料本身的特

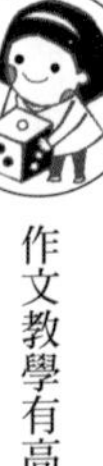

色。這樣都太可惜了。想要做一頓飯都得要動動腦筋，想一想，安排安排，寫作文當然也是一樣，在下筆之前一定要先有想法、有計畫，這就是所謂的擬大綱。我覺得讓孩子們及早養成「下筆之前先擬妥大綱」這樣良好的作文習慣，是我們大人的責任。

◎　◎　◎

要怎麼來擬大綱呢？這也是要有一點技巧的。

儘管「起、承、轉、合」可以說是一種「黃金大綱」，但我認為如果看到任何題目都這麼直接的想著要怎麼「起」、怎麼「承」……，恐怕不容易寫出新意。我建議不妨「迂迴」一些，運用孩子們跳躍性思維比較明顯的特質，讓孩子們以兩個階段來完成大綱。

第一個階段叫作「自由聯想」，讓孩子們根據題目，或者某一個想要表達的素材，想到什麼就先條列式的一條一條的記下來，愈是簡單扼要愈好，只要小作者本人知道那是什麼意思就好了。重點是一定要用紙筆記下來，光是坐在那裡用想的是靠不住的；因為，每記下一條，就等於是捕捉到了一個思維。記在紙上，你就不會忘記。

當你覺得想得差不多了，當然我們也不能毫無限制地一直想下去，一般小朋友的作文，只要記下了四、五條，也就是捕捉到四、五個思維以後，就可以開始做第二個階段的工作了，那就是「思維的整理」。你可以很客觀的審視一下剛才所列出來的這幾條線索，看看有沒有哪些是和主題之間的關係相去太遠，可以刪掉，或者和其他線索明顯地搭不上，那也應該刪掉，或者看看有沒有哪些線索是可以合併的；最重要的是要想想看應該把哪一條作為開頭，接著再寫哪一條，然後再以哪一條作為結束。

經過「自由聯想」以及「思維的整理」這兩個階段的工夫，最後定出來的，應該就是一份比較理想的大綱。你甚至還可以紙上作業，排出幾個不同的大綱，再斟酌哪一個大綱看起來似乎要更理想一些。「擬大綱」可比「打草稿」要有效率得多了。因為，如果是在思維還很混亂的情況之下就急著下筆所寫的草稿，其實並沒有多大的意義。

下面我們就以一個例子來說明。

題目：我最喜歡的玩具

一個五年級的小女生，在第一階段「自由聯想」的時候，列出了以下幾個重點；她是想到什麼就列什麼，先不必去管所想到的東西要放在文章的第幾段。

①大白熊

②住院

③舒服

④王老師

⑤陪我睡覺

因為每一個「點」都可以擴展，所以列了五個就差不多了，這個小朋友遂停下來開始考慮，要怎麼來安排這幾「點」，也就是第二階段「思維的整理」。

如果是採取①④②③⑤這樣的大綱，這篇文章大致就是這樣的：

我最喜歡的玩具就是大白熊。它是一個可愛的絨毛玩具，北極熊的模樣，渾身雪白，脖子上繫著一條紅色的小領巾，嘴角上翹，一看就是心情很好的樣子……（把①做一番擴展）

這個可愛的絨毛玩具是王老師送給我的。王老師是我三年級的班導，人長得很漂亮，有一頭烏黑亮麗的頭髮，她也是整天笑瞇瞇的，幾乎不會罵人……（④）

剛升上三年級不久，我生病住院，一住就是好幾天。有一天，當我正躺在病床上，想到同學們一定都在學校裡高高興興地跑來跑去，只有我一個人呆呆的躺在這裡，好無聊，心裡非常的悶悶不樂。就在這個時候，王老師來看我，送我這個大白熊，鼓勵我、安慰我，要我好好安心養病，說等我好了，就可以回到學校和同學們一起學習、一起遊戲了。（②）

大白熊抱起來好舒服……（③）

聽了王老師的話，我的心裡好感動哦……

當天晚上我就抱著大白熊睡覺……（⑤）

一直到現在，大白熊還在我的床頭，我每天都要抱著大白熊睡覺……所以，這是我最喜歡的玩具。

你也可以按②④①⑤③這樣的大綱來寫：

我從小身體就不太好，剛升上三年級不久還曾經住過院……（②）

有一天，當我正在病房裡悶悶不樂的時候，王老師來看我……（④）

王老師帶來一個好大的絨毛玩具……（①）

王老師說，這個可愛的大白熊是送給我的，讓它來陪伴我，陪我睡覺……（⑤）

大白熊抱起來好舒服……（③），我的心裡也好溫暖……

一直到現在，這還是我最喜歡的玩具。

如果是按⑤③①④②這樣的大綱：

爸爸媽媽的工作都很忙，每天晚上我常常都是自己一個人寫完功課、收拾好書包以後就先睡覺。不過我不怕，也不孤單，因為每天都有一個很好的「同伴」會陪我睡覺⑤。

這個「同伴」很白，很大，我坐著的時候跟它一般高，它抱起來很舒服……（③）

它就是大白熊……（①）

這是王老師送給我的……（④）

那是在我剛升上三年級不久，因為重感冒住院……（②）

所以，如果有人問我：「你最喜歡的玩具是什麼？」我一定會毫不猶豫的回答：「當然是王老師送我的大白熊！」

是不是滿有意思的？同樣的材料，但是因為安排不同，也就是大綱不同，呈現出來的效果就不同了；就好像同樣是雞蛋和蝦仁，你可以做蝦仁炒蛋，也可以做蝦仁爆蛋、滑蛋蝦仁、蝦仁蒸蛋……，而在下筆之前如果能先仔細想好，定下大綱，寫出來的文章一定會比較理想。

語文活動8：解剖一篇作文

如果讓孩子們多看看其他小朋友寫得不錯的作品，讓孩子們知道和他們年齡相仿的小作者是拿些什麼樣的材料來做文章，有了素材之後又是怎麼樣的處理，對於孩子們來說一定會更具啟發意義；為了達到這個目標，我們就要引導孩子們懂得用一種分析的眼光，來欣賞這些寫得不錯的作品，特別是要注意文章的結構。

怎麼注意呢？不妨先練習分析一篇文章裡究竟包含了哪些素材，再研究小作者採取的是什麼樣的大綱？並想想看有沒有可能變換另外一種更好的大綱？

例文25 我最敬佩的人

潘美慈（小六）

我家對面住著一位慈祥的老婆婆。她平時樂於助人，受到了大家的尊敬。我每次看到她，她都是小跑步似的忙忙碌碌，有時手裡還拿著衛生工具。有一天，我經不住滿心好奇的問道：「老婆婆，你拿著工具，要幹什麼呀？」老婆婆只是淡然笑一笑。過後，便匆匆忙忙地走了。

直到有一天，我才知道，老婆婆拿著衛生工具，是挨門逐戶地幫大家疏通陰溝，幫助大家保持衛生。

記得那天是一個風和日麗的星期天，我正在做著功課。突然看到老婆婆戴著草帽，肩上搭了一條已經破洞的舊毛巾，和兩個年輕人拿著衛生工具在牆角旁擺弄著什麼。我滿懷好奇心地走過去，到那裡一看，我才恍然大悟，老婆婆原來在疏通陰溝。只見老婆婆先用鐵棍在陰溝裡捅幾下。再用一個撈垃圾的大勺子把垃圾撈起來。這時一陣臭味撲鼻而來，我急忙摀住鼻子。老婆婆看了我一眼，笑了，我頓時覺得不好意思。接著，老婆婆把垃圾裝進一個黑色塑膠袋。可是陰溝的水只冒了幾個泡，一點兒也沒有下降。老婆婆和那兩個年輕人都站直了身，四周頓時靜悄悄，大家都在想辦法通陰溝。

突然，只見老婆婆挽起袖子，伸出手去側著身子去撈，我吃了一驚。過了一會兒，老婆婆拉出了一團頭髮和一些垃圾，「撲通」一聲，滿陰溝的水下降了，陰溝通了。

我問老婆婆：「您為什麼來通陰溝？」老婆婆吃力地說道：「居民家裡老的老，小的小，年輕人都忙著做工，通陰溝又浪費時間，又費力氣，我就來幫

著做一點。」「難道您不怕髒嗎？」「沒事，陰溝不通才叫髒。陰溝通了，髒水流走了，環境變美了，這才是家家戶戶應該做到的。」老婆婆答道。

聽了這話，我心想：老婆婆您真好，不怕苦、不怕累、不怕髒，默默無聞地為大家做好事。讓我們生活在優美的環境中。這種高尚的品德，真值得我們學習，我從心底裡敬佩您。

【點評】

如果決定要寫這樣的題目，最大的挑戰就是確定人選，包括他的事蹟，其次是你的寫法能不能很具體、很生動地打動讀者，讓讀者讀完之後同感佩服。在這篇作品中，小作者在這兩方面都做得很好。

小作者的文風非常樸實，而且這樣的風格始終貫穿著全文。比方說，小作者所描述的對象是自己生活裡能夠真實接觸到的人物，不是那些存在於書中的歷史人物，甚至還是乍看之下並不起眼的小人物，可是小作者卻用一件親眼目睹的事，寫出了這個小人物「不怕苦、不怕累、不怕髒、默默無聞地為大家做好事」這樣令人大為感佩的精神，就連主人翁所說的話「陰溝不通才叫髒」也在樸實平凡中透著智慧。

小作者樸實的文風成就了這篇感人的文章，也證明了真正能夠打動讀者的永遠是真實（包括小讀者對主人翁真心的認同），而不可能是靠那些華而不實、又空洞老套的形容詞所堆砌出來的。

現在就請大家把這篇作品分析一下，先列出裡頭有哪些素材，研究一下小作者的大綱。

第三課：如何把事情說得更精采

在孩子們的習作階段，先讓孩子們練習「如何來描述一件事情」是非常重要的。因為——

文章要講究結構，至少要有頭有尾，最好還能夠頭尾呼應，千萬不要虎頭蛇尾，而任何一件事情都是有始有終，本身已經具備了「有頭有尾」這樣的作文結構，所以，只要能夠把一件事情從頭到尾說清楚，就已經可以達到作文的基本要求。

能夠打動人心的文章絕不可能倚靠堆積華麗的詞藻，而一定要靠具體的事情；就好像某一個人光是口口聲聲說他很重視你沒有用，你一定會希望他能夠拿出具體的行動，讓你感受到他確實是很重視你一樣。如果你想要告訴讀者某一個人很善良，光是通篇強調「他很善良，他真的很善良，不騙你他真的很善良」也是不行的，讀者肯定沒有辦法感受，更不可能產生共鳴，可是如果你能描述一兩件事情，來讓讀者自然體會到主人翁真的是一個心地善良的人，那你就成功了。

只要懂得如何把一件事情描述得很清晰、甚至很動人，不管孩子們面對什麼樣的作文題目，他就都能夠應付自如。可以說唯有具體的事情才能夠撐起一篇文章。比方說，如果碰到像「惑」這樣很抽象的作文題目，該怎麼寫？如果你能夠藉著描述一件事情來呈現自己在某一個階段的某一種困惑，以及後來如何尋找到答案，不再困惑，這篇文章才可能具體，否則就會始終在雲裡霧裡，講來講去也講不出什麼名堂。

◎　◎　◎

如果小朋友已經能夠做到把話說清楚，把一件事情說清楚，接下來我們就要教孩子們怎麼樣才能夠把事情說得更精采。因此，這一課實際上也是上一課的延續。

首先，要讓孩子們有一個概念——想要把事情說得精采，一定要有轉折。

國學大師錢穆先生當年也教過作文，他的原則很簡單，只是告訴學生，「出口為

言，下筆為文」，所以，口中怎麼說，筆下就怎麼寫。（在初級階段，面對那些一個字也寫不出來的孩子們，這種方法確實管用。）錢穆先生每次出的作文題目也都很具體、很生活化，讓學生不至於感到大腦一片空白，沒東西可寫、不知道該寫些什麼。

有一次，錢穆先生出了一個題目，叫作「今天的午飯」，後來作文收上來，錢先生也看過了之後，他在課堂上特別誇獎一個學生的作文，因為這篇作文的結尾寫得好：「……紅燒肉的味道很好，可惜就是鹹了一點。」錢穆先生告訴學生，好的文章一定要有曲折、有餘味，就像這篇作文的最後一句話──「可惜就是鹹了一點。」

我們再想想「起、承、轉、合」這樣的黃金大綱，如果只有「起、承、合」三個階段，雖然事情也可以說清楚，但可能就會讓人覺得太過平淡、也太過平鋪直敘；「轉」這個部分實在是很重要，有了「轉」（也就是「轉折」），文章讀起來才會比較精采。

那麼，要怎麼樣才能做到讓文章有轉折呢？如果孩子們已經懂得如何擬大綱，事情就好辦了，只要讓孩子們在定下大綱之前，在「思維的整理」這個階段，多考慮一下要在哪裡轉折，而且最好還要配合「時間」這個因素來考慮，想想看到底是要按照事情真實發生的先後順序來描述呢（這就是「順敘」的結構），或是要先呈現事情的結局，再倒回去交代事情的前因（這是「倒敘」的結構）。

語文活動9：誰是排列組合的高手

◎讓孩子們還是以（例文25〈我最敬佩的人〉）一文為例，練習把文章的大綱重新排列一下。

◎讓孩子們把自己寫過的作文拿出來，先分析素材，分析大綱，再重新考慮、重新擬定一份大綱，當然，要加強「轉折」這個部分，然後重新改寫一次，看看寫出來的作文是不是會比較精采。

第四課：如何善用比喻

如果說作文就像烹飪，我們除了要有材料和工具之外，還需要調味料；比喻，就像是文章中的調味料。比喻是一項非常重要的作文技巧，我們如果說某某人有一枝生花妙筆，常常都是因為他很善於比喻。比喻用得好不好，很能看出一個作者究竟有多少寫作細胞，這是展現作者才情和慧根最明顯的地方。

甚至，在詩的領域，只要有一個精采的比喻，往往就可以成就一首優秀的詩。

下面我們不妨先來欣賞一首童詩。

蘑菇 ◎林良

蘑菇是
寂寞的小亭子。
只有雨天
青蛙才來躲雨。
晴天青蛙走了，
亭子裡冷冷清清。

（蘑菇的模樣像什麼呢？作者首先把蘑菇比喻成像一個小亭子，接著更進一步形容，是像一個「寂寞的小亭子」，為什麼寂寞呢？原來，「只有雨天，青蛙才來躲雨。晴天青蛙走了，亭子裡冷冷清清。」）

螢火蟲 ◎林武憲

螢火蟲
提著小燈籠
不找吃的
不找玩的
也不跳舞
熱心的
帶我們
去找一個
夏天的夢

（「夏天的夢」，這個詞聽起來真的很美，意象也很豐富。這首可愛的童詩也是從一個比喻——「螢火蟲看起來像什麼呢？」——來作為開始，作者首先做了一個比喻，覺得看起來像「提著小燈籠」，是啊，螢火蟲的樣子看起來確實很像提著一個小燈籠；有了這個比喻，作者接著再「解答」螢火蟲為什麼要提著一個小燈籠？這樣就構成了這首詩主要的內容。）

著急的鍋子 ◎謝武彰

吃午飯的時候到了
菜卻還沒煮好
弟弟等得好急了
妹妹等得好急了

小貓等得好急了

只有媽媽最辛苦了
還不停的忙著
急得臉上都是汗
我趕快來幫忙
打開鍋子一看
呀！鍋子也急壞了
他也滿頭大汗呢！

（這首童詩最精采的地方就是最後那個幽默的比喻——「鍋子也急壞了／他也滿頭大汗呢！」，也可以說前面的詩句其實都是為了這個比喻所做的鋪墊；前面說了那麼多其實就是為了要引出最後那個可愛的比喻。）

接著我們再來欣賞一首成人文學中的詩作。

綠　◎艾青

好像綠色的墨水瓶倒翻了，到處是綠的……

到哪兒去找這麼多的綠：墨綠、淺綠、嫩綠、翠綠、淡綠、粉綠……綠得發黑、綠得出奇；

颳的風是綠的，下的雨是綠的，流的水是綠的，陽光也是綠的……

所有的綠集中起來，擠在一起，重疊在一起，靜靜地交叉在一起。

突然一陣風，好像舞蹈教練在指揮，所有的綠就整齊地／按著節拍飄動在一起……

（該怎麼描寫春天來了，放眼望去，大地都是綠油油的一片呢？作者首先做了一個比喻——「好像綠色的墨水瓶倒翻了」，這個比喻確實是很新穎、很精采、也很奔放；因為在日常生活中，大家都見過紅墨水、藍墨水和黑墨水，但是沒人見過綠顏色的墨水吧！可是為什麼不可以有綠顏色的墨水呢？有了這個比喻，才能帶出下面綠色大地的描述，當然，有的綠是自然界的，有的綠則是一種文學上的想像，譬如「颳的風是綠的……」。結尾把風比喻成「好像舞蹈教練在指揮」，也很精采。）

◎ ◎ ◎

不只是詩作需要比喻，在一般記敘文中，如果不時就出現一些很精妙的比喻，整篇文章讀起來一定就很精采。

例文㉖

我的頭髮變形了

李勇誼（小六）

今天，老師為我們檢查頭髮以及指甲。老師發現我的頭髮太長了，所以命令我回家修剪頭髮。

回到家，我告訴媽媽我必須把頭髮剪短。我要求媽媽帶我到理髮店剪頭髮。媽媽很忙，所以從錢包裡掏出錢，吩咐我自己到理髮店理髮。拿了錢後，我便朝理髮店走去。

抵達理髮店後，我發現印度理髮師正坐在理髮店前打盹兒。我走上前，拍

了拍理髮師的肩膀，嚇得他從椅子上彈跳了起來。接著，我便告訴他我要剪頭髮。因此他帶我走進理髮店。過後，他便問我要剪什麼髮型。我看了看牆上貼著的許多髮型圖片，便胡亂地指一指其中一種款式。

然後，印度理髮師便開始為我剪頭髮。下午的天氣悶熱，所以我便昏昏欲睡。不久，我竟然睡著了。我只覺得自己的頭髮，不停地從我的旁邊掉下。也不知過了多久，印度理髮師拍了拍我的肩膀，告訴我頭髮已剪好了。

我睜開眼睛一看，我的天呀！這是哪個外星人的髮型，椰子不像椰子，榴槤不像榴槤，簡直比青蛙還醜呢！我生氣地瞪著那名理髮師，但他只會對我傻笑，氣得我七竅生煙。

回家後，媽媽看了我笑得直噴飯。姊姊卻更絕、更可惡，笑得在地上打滾。糟！看來明天我必須準備一頂帽子，不然明天如何回學校見人呢！

如果留心分析一下許多成功的喜劇故事，你會發現，「陰錯陽差」經常是故事中非常重要的元素，甚至可以說許多成功的喜劇故事就是靠著這一點來大加發揮的。在這一篇充滿童趣的作品裡，小作者所寫的素材，表面上好像只不過是一件平凡無奇的小事，其中卻恰恰有著渾然天成的陰錯陽差的喜劇元素。

首先，是小作者獨自上理髮店；其次，理髮師是印度人，雙方在溝通上可能有些障礙；接下來，「我看了看牆上貼著的許多髮型圖片，便胡亂地指一指其中一種款式」；這還沒完，最要命地是，當理髮師開始動手以後，「下午的天氣悶熱，所以我便昏昏欲睡……」，就是這樣一連串的陰錯陽差，導致了主人翁頭髮變形，而且無可挽救。

「我睜開眼睛一看，我的天呀！這是哪個外星人的髮型，椰子不像椰子，榴槤不像榴槤。簡直比青蛙還醜呢！」接近尾聲的這幾個比喻更是把整個喜劇的效果推到了最高潮。

在寫說理性的文章，也就是議論文的時候，也很需要用到精采的比喻。這就很像我們在教小孩子的時候，總是要用孩子們能夠理解的例子做個比喻來說給他們聽，所以我們經常會說：「就好像……」，下面我們就來看一個例子。

◎　◎　◎

例文27

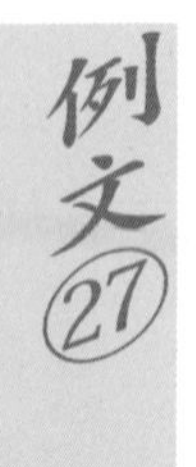
感恩的心

華運慧（國一）

「感謝斥責你的人，帶給了你智慧；感謝絆倒你的人，增強了你的能力；感謝遺棄你的人，讓你學會自立；感謝欺騙你的人，增廣了你的見識；感謝傷害你的人，磨鍊你的意志。」在日常生活中，我們必須學會如何感恩。許多人或許看似我們的敵人，但我們應該感謝他們，有了他們才有競爭，有競爭才有進步。

自從我們「呱呱」墜地以來，爸媽便在一旁默默地支持及鼓勵我們。當我們開口叫第一聲爸媽，第一次學走路，第一次上學，第一次考試，他們感動地流下了喜悅的淚珠。

每當我們受委屈時，唯一能哭訴的對象是父母；當我們犯錯後，一次又一次無條件原諒我們的是父母；當我們成功了，能與我們分享喜悅的也是父母。父母賜予我們生命，遇到困難時成為我們的傾訴對象。許多人認為父母對我們的關心與呵護是理所當然的，根本不需要感恩。但要知道在這個世界上有許多小孩從小便失去了父母親的愛與關懷，他們是多麼地渴望親情啊！因此，我們既然擁有一個健全的家庭和兩位有愛心的父母，就應該感恩，而不是抱怨。烏

鴉尚且能反哺，羊能跪乳，身為萬物之靈的我們，更應該感恩父母對我們的付出，並在他們需要幫助時幫助他們。

友情也是生活中不可或缺的一部分。我們應該覺得很慶幸能擁有許多朋友。他們能夠在你開心時和你一起分享你的喜悅；傷心時，分擔你的憂愁。他們會在你失敗氣餒時拉你一把，把你從失望中救出來。

我們必須感恩，擁有健康的身體，能看到碧水藍天，風和日麗的美好景色；能聽到自然界裡的蟲鳴鳥叫聲；能嗅到一股股芬芳的花香味。能夠生活在一個無戰爭的國家，各個種族團結一致，和平共處，我感恩。

活著，我感恩。為我現在所擁有的一切，我感恩。能夠事事感恩，珍惜當下，最簡單的幸福就在手中。

和記敘文比較起來，說理性的文章當然是比較難寫。或許就是因為這個緣故，似乎大多數的孩子都很害怕寫說理性的文章，也就是議論文。這一篇算是寫得不錯的。

大家會害怕寫議論文的原因，無非是由於對所要申論的主題體會不深，或根本沒有什麼看法，因而絞盡腦汁、搜索枯腸也不知道有什麼可申論的。一般來說，想要寫好議論文，最簡單的辦法，就是用一個恰當的生活中的小故事，來印證或襯托出你想要申論的道理；不過前提當然還是你必須要對那個所謂的道理有一番正確的體認，如此解讀起來才不會有誤差。

這篇作品的小作者所選擇的是另一種不容易表現的方式，那就是直接講理。就作品來說，雖然還是有不少地方值得加強，比方說，第一段「感謝斥責你的人……」那幾句所引用的話固然挺能說服人，但是和接下來的內文聯繫得並不緊密；其次，小作者的中心思想本來並不是只是要感恩親情，但是在整篇文章的素材配置上，寫有關親情的比重卻明顯得太重了些，造成有些頭重腳輕的感覺。

然而，小作者的文筆相當流暢，說理也很清楚，「烏鴉尚且能反哺，羊能跪乳」的比喻也很有力，使這篇作品還是具有相當不錯的可讀性。

◎ ◎ ◎

在記敘文中加入一些說理性的描述，如果能夠加入得很自然，常常很能增加作品的深度。

憶童年

王嘉怡（國一）

十三歲了，終於完成小學的課程。踏入中學，課業再也沒像之前那般繁重，課餘時間也多了不少。所以傍晚時分，我都會到家後的草地上蕩秋千。望著蔚藍色的天空，一望無際；一陣涼風吹來，將椰樹吹得婆娑起舞。我沉醉於那迷人的風景，不知不覺地，我墜入了童年的回憶……

當時，我住在鄉下，家前有連綿的青山；家後是一條清澈見底的小溪，四周草樹青蔥，間中紅花相映，當然也少不了「魚米之鄉」的特色——稻田啦！

我的左鄰右舍都是異族同胞，因此每逢各族的節慶，我們都顯得格外興奮，因為西蒂阿姨、愛莎大嬸和媽媽都會聯手烹飪出多種類的美味佳肴，讓我們大飽口福。他們的廚藝可比得上五星級酒店的名廚呢，讓大家吃後都讚不絕口！

閒時，我最愛約童年的玩伴兒到家後的小溪暢遊。小溪也成了我們游泳競賽的比賽地點。我們的比賽規則是以大家熟悉的自由式游過對岸，再以蛙式游

回起點。而我們之中的旱鴨子，就唯有當裁判咯！當然輸的也逃不過艱難的懲罰，就是為大家籌備豐富的「全魚宴」。身為游泳健將的我，捉魚的工作永遠輪不到我。但贏的也不空閒哦，因為我們必須到處拾樹枝，在旁起火烤魚。

當然，我在稻田留下最多足跡。爸爸時常都會帶我到綠油油的稻田裡捉泥鰍。爸爸從小在鄉下長大，所以他很有經驗。憑他熟練的技巧，三兩下工夫就可捉到一大籃的泥鰍，可謂滿載而歸啊！之後，我們便把全部收穫帶回家讓媽媽烹煮。每次媽媽炸泥鰍的時後，香味四溢，我在房裡也會循著香味走到廚房去幫忙。媽媽炸的泥鰍香脆可口，非常好吃！我們也會把一些分給鄰居們，一同品嘗。

大概一、二月時，稻米已成熟，舉目一望，遠處的稻田在和煦的陽光照射下，發出了金黃色的光芒。看著謙虛的稻米們都羞答答地低著頭，我心想：又是放風箏的時候了！我就會纏著哥哥求他親手製作一個獨一無二的風箏給我，我最喜歡的便是哥哥製作的風箏，特別的精緻。

待稻米成熟後，我迫不及待地叫爸爸帶我去放風箏。我最喜歡的就是看著自己的風箏在天上飛翔，那是多麼的自由啊！爸爸也會趁著放風箏時，教會我一些人生道理。他告訴我人要懂得收放，人與人相處時，也要懂得看開一點，不要太固執。就好像放風箏一樣，當線被拉得太緊時就會斷掉。人與人相處若不互相遷就、禮讓，就會導致一發不可收拾的地步。每當風箏飛到最高點的那一刻，我都會忍痛將風箏線割斷，還風箏自由，看著它隨風飛去。

每天傍晚，我都會嚷著姊姊帶我去湖邊。草地在陽光照耀下披上金絲衣，草浪在陽光的懷抱中翻來覆去地搖擺著，湖面上金光閃閃，水波粼粼，讓人懷疑置身夢境。微風吹來，風中不時夾著陣陣花香，處處散發著大自然的氣息，令人陶醉其中。這時，欲歸巢的鳥兒已在天上飛來飛去，夕陽西墜遺留下幾片五顏六色的彩霞伴著美麗的湖面。

後來，我因到城裡求學而被迫離開我那美麗的家鄉。雖然已有五年了，可是我對家鄉一景一物的記憶依然猶新，也占據了我大部分的童年回憶。我的家鄉在我心中永遠是那麼的可愛，完美……

這篇作品，就題材上來說雖然似乎並不特別，寫追憶兒時在鄉村生活的文章已經太多太多了，但是這篇作品是相當不錯的佳作。

主要原因是小作者寫得很耐煩，也很真摯，筆端常常流露出一種生動的生活氣息，觸及的事物又非常廣泛，內容相當豐富，給人一種小作者確實是追憶得很深情的感覺。

而在「爸爸也會趁著放風箏時，教會我一些人生道理……」這一個段落中，就是很精采的比喻，不僅將哲理插入得非常自然、非常有說服力，也為這篇以懷舊為主題的作品又增加了不少深度，也是這篇作品的成功之處。

◎◎◎

要怎麼做比喻呢？其實無非是以下兩個原則：

像什麼？（比方說，「蘑菇」像小亭子。）

感覺像什麼？（比方說，「蘑菇」不但像小亭子，還像一個「寂寞的小亭子」。）

這兩個原則都得靠聯想的工夫，當然是要聯想得愈自然、愈傳神愈好。「像什麼？」是最基本的。小時候讀到《詠絮之才》的故事，「大雪紛紛何所似？——撒鹽空中差可擬，未若柳絮因風起」，好像感覺上非要把雪形容成柳絮才比較高明；當然，雖然把雪形容成柳絮確實是比較高雅啦，但是我這幾年定居在冬天會下雪的南京以

後，我才知道如果只是就形狀而言，雪，固然有時像柳絮，但有的時候也真的很像鹽，或者頭皮屑，其實完全要看雪下得大或小而定，前兩年碰到雪災，每天早上我一看窗外白茫茫的一片，看到屋頂、車頂也通通頂個白白厚厚的帽子，感覺還真像自己就住在鮮奶油蛋糕裡呢。

如果是要形容大雪，還有一個詞、同時也可以說是一個比喻——「鵝毛大雪」，想想看，為什麼不說「雞毛大雪」或「鴨毛大雪」而非要說「鵝毛大雪」呢？我想除了「鵝毛大雪」聽起來比較雅之外，主要原因應該也是「鵝」這個字會讓人聯想到白天鵝吧，「白」不也就是一種形象嗎？

◎ ◎ ◎

有很多的成語、俗語、歇後語（比方說「歲月如箭」、「死鴨子硬嘴巴」、「狗掀門簾子，全仗一張嘴」等等），其實本來都是很棒的比喻，問題是往往被大家已經用得太多太濫，讀起來就不容易有感覺了，因此不宜多用。我們應該鼓勵小朋友還是要盡可能用他們童話的眼睛，多發揮一些純真的想像，多在比喻上下工夫。至少一開始要鼓勵小朋友，當心中有某種感覺的時候，要細細地多揣摩、多體會，試著用自己的語言來描述，而不要動不動就借用成語，或者動不動就說「真是筆墨難以形容」！

語文活動10-1：聯想大賽①

在黑板上畫一個三角形，要小朋友想一想，看到三角形，會想到什麼？（其實我們生活中呈三角形的東西是很多很多的。當然，不一定非要是規規矩矩非常標準的三角形，不必那麼嚴格，只要大體上像個三角形就可以。譬如：屋頂、三明治、三角尺、三角鐵、鬧鐘、相框、金字塔、起士、披薩、生日帽、交通號誌、電梯上下號誌、股市漲跌標示、餅乾……）

語文活動10-2：聯想大賽②

還是先在黑板上畫一個正三角形，再畫一個倒三角形，再要求小朋友對正三角形或倒三角形任意添加一筆，使它看起來更像一個什麼東西。譬如：天平、甜筒、帆船的帆、風箏、雨傘……。

第五課：如何給一篇文章精采的結尾

文章「虎頭蛇尾」是很多人的通病，在小朋友的作文中尤其明顯。

之所以會造成這種現象，有的時候是因為在下筆之前缺乏準備，思路還很亂，偏偏又只在意「字數寫夠了沒有？」，於是眼看字數差不多了就匆匆忙忙的結束；有的時候則可能只是因為寫著寫著就寫累了，於是快要到結尾的時候就草草畫上句點。有一句話說：「堅持就是勝利。」結尾其實是非常重要的。好的結尾不但可以發揮畫龍點睛的作用，也很容易讓人對這篇文章留下深刻的印象。

語文活動11：故事接龍

先提供一個故事的前半部，要小朋友往下發展，特別是要小朋友把這個故事做一個結束。藉著這個語文活動，讓小朋友練習完成一個比較精采的結尾，進而體會到經營一個精采結尾的重要。

該如何做好故事接龍？小朋友要學習如何分析、運用前面的線索，才能往下繼續發展。

下面就是一個故事的前半部：

有一個人，開車到鄉下去。當他行駛在一條鄉間小路的時候，迎面來了另外一輛車。由於道路狹窄，為了安全會車，這個人小心翼翼的開著車。就在他快要和對方的車擦肩而過的時候，萬萬沒有想到，對方駕駛竟然朝他說了一個字：「豬！」……

（接下來會怎麼樣呢？會發生什麼事呢？……）

●隨著「豬！」這個字，這個人竟然「轟！」的一聲，變成了一頭豬！原來，對方是一個魔法師，不過，魔法師「豬！」那個字一出口，馬上就後悔了，於是又馬上大叫一聲：「人！」，一切立刻恢復原狀，速度之快，連那個人都根本沒有察覺到剛才究竟發生了什麼，只以為自己碰到了一個奇怪又沒有禮貌的傢伙。

●一聽到「豬！」這個字，這個人簡直快氣昏了，馬上停下來，衝著對方大罵：「喂！你為什麼要叫我豬？」，那個人也停下來，凶巴巴地回罵道：「我就是要罵你，怎麼樣？誰叫你剛才開得那麼慢！」兩個人愈吵愈凶，不久還大打出手，後來連警察都來了，把兩個人都教訓了一頓。

●一聽到「豬！」這個字，這個人愣了一下，正想問問清楚，對方已經開遠了。他悶悶不樂的繼續向前開，心裡感到很困惑，想不通對方為什麼要罵他，可是，仔細回想一下，又覺得對方剛才的神情好像也不像是在罵自己的樣子，到底是怎麼回事呢？他又往前開了一段，離開鄉間小路的時候，來到一條比較寬敞的大馬路，只見路面上全是豬！——原來，是一輛載滿了豬的貨車翻車了。

（以上只是三種可能；這個故事，還可以怎麼接呢？……）

第六課：有效的寫作練習

小朋友作文的毛病其實都差不多，可以說有四大通病：

①錯字太多。

②誤用太多。有的是語文上的誤用，譬如用錯成語、俗語等等，有的是常識上的誤用。

③缺乏內容。整篇作文讀起來乾巴巴的，不過就是三言兩語翻來覆去的講。

④缺乏整理。整篇作文讀起來缺乏條理，十分混亂。

在這四大通病之中，「錯字太多」和「誤用太多」顯示出小作者語文能力以及常識的不足；「缺乏整理」則主要顯示出小作者缺乏良好的作文習慣（請見第三章，第二課「如何擬大綱」），所以只要小朋友願意改變一下作文的方式，練習把思路整理好了再下筆，就可以改善這個毛病；至於「缺乏內容」，該如何改善呢？除了平常要先處處留心，積極收集作文的素材之外，在實際寫作文的時候，也可以靠著「擴寫」的技巧，就你本來所能寫出的三言兩語來補充內容。

下面我們就用一個例子來說明。

語文活動12：擴寫練習

我們先給小朋友簡單的幾句話，再讓小朋友根據這幾句話來做擴寫。

有一個六十多歲的老太太。

向小孫子學電腦。

三個月之後。

老太太終於學會了如何收發電子郵件。

所謂的「擴寫」，是要做有意義的擴充，而不是隨隨便便加幾句廢話進去。所以，我們要先研究一下，有哪些地方可以擴充、應該擴充？

以這個練習為例，可以擴充的細節至少有以下幾點：

①人物外貌的描寫。「六十多歲的老太太」是什麼樣子？小孫子是幾歲？什麼模樣？

②動機。老太太為什麼想要學電腦？

③過程。在三個月的時間之內，老太太有沒有因為碰到挫折而想要放棄？

④結果。當老太太終於學會如何收發電子郵件之後，她的心情如何？

下面就是三個擴寫練習的例子。

●一個滿頭銀髮的六十多歲的老太太，聽說兒子一家要移民到國外，心裡非常難過，因為這麼一來，以後要見面就不容易了。

十歲的小孫子說：「奶奶，別難過，我們可以天天寫郵件，還可以視訊對話呢。」

老太太說：「可是我對電腦一竅不通啊。」

小孫子說：「我可以教妳。」

老太太沒信心：「我都已經六十多歲了，學得會嗎？會不會很難啊？」

小孫子保證：「不難不難，有我教妳，妳一定學得會！」

於是，從這天開始，小孫子天天都教奶奶如何使用電腦。他從如何開機開始教起，再到如何上網，然後是如何瀏覽新聞、如何收發電子郵件。

老太太學得很認真，經過三過月之後，「皇天不負苦心人」，老太太終於學會如何收發電子郵件了，老太太好高興啊，小孫子也很高興！

●這天，小強放學回家，收到一封電子郵件。他一看到發信人就很興奮，因為這是

奶奶發來的。

「親愛的小強：這是我發出的第一封電子郵件，謝謝你教我怎麼用電腦，你是一個最棒的小老師。」

小強看完郵件就笑了。回想這三個月，他真佩服自己居然有那麼大的耐心，居然能教會奶奶這個「電腦文盲」怎麼用電腦。

一開始，一聽說爸爸要他負責教奶奶用電腦，小強很懷疑奶奶能不能學得會，畢竟奶奶已經年紀不小啦，可是爸爸說奶奶是一個「活到老，學到老」的人，要他別小看奶奶。爸爸還說，奶奶如果會用電腦，以後奶奶白天一個人在家，就可以和她在老家的老朋友們網上聊天，還可以在網上看很多好玩的東西，就不會這麼無聊。

小強已經花了三個月的時間教奶奶使用電腦，奶奶每天都在一點一點的進步，現在，奶奶終於會自己收發郵件了！

小強高高興興地跑到奶奶房間，大聲說：「奶奶，妳真棒！」

他跑進奶奶房間的時候，奶奶正戴著老花眼鏡，專心地盯著電腦螢幕呢。

● 眼看周圍的朋友們一個個都報名了「銀髮族電腦班」，一個個都學會了如何用電腦，王奶奶的心理壓力愈來愈大了。

「看來我也該去學學怎麼用電腦，否則好像實在太跟不上時代了。」王奶奶心想。

有一天，當王奶奶看到九歲的小孫子寶寶正在收發郵件的時候，忽然靈機一動：「對了，我何不乾脆叫寶寶教我算了，這樣我可以躲在家裡慢慢學，笨一點也沒有關係。」

王奶奶把自己的想法跟兒子一家說了，大家都很贊成，包括寶寶都表示會全力支持，寶寶為了要教奶奶，甚至主動說願意每天放棄半小時打電動的時間來教奶奶電腦；因為他小小年紀，鼻梁上已經架起了小眼鏡，他知道媽媽不喜歡他每天在電腦前待太久的時

間。

在第一個月的時候，王奶奶覺得學電腦實在是好難，好幾次都想放棄，但是每當想要放棄的時候又不甘心，總想著：「別人都學得會，為什麼我學不會？我偏不信！」

寶寶也一直鼓勵她：「奶奶，妳別急嘛，慢慢來。」

到了第二個月，情況開始有點好轉。就在剛剛滿三個月的時候，王奶奶終於學會如何收發郵件了！大家都好高興，為此全家人還一起出去吃了一頓大餐來共同慶祝呢。

◎

其實，相信大家都看得出來，如果是一篇正式的作文，以上三個擴寫的例子，內容都還太簡略了，都還可以再豐富一些。不過，我認為在讓孩子們做擴寫練習的時候也不要太著急，慢慢來。

總之，好的文章總是需要很多的細節，寫作文的時候一定要耐煩，該擴充、該加強的地方千萬不要蜻蜓點水、隨意放過。

第七課：實在沒什麼東西可寫，該怎麼辦？

也許有的老師會說，那些能夠寫得出三言兩語的孩子已經不錯啦，現在還有很多孩子，是每到作文的時候就一直坐在那裡發呆，或是東張西望，無所事事，你如果催他「趕快想啊！趕快寫啊！」，他就會跟你賴皮：「我想不出來啦，我不知道要寫什麼！」——碰到這樣的孩子，該怎麼辦呢？

我建議，那就從一句話開始作文吧！

先讓孩子說一句話，再用這一句話延伸出三言兩語，然後再用三言兩語開始擴寫。

不可能連一句話都想不出來的。比方說，你興高采烈的告訴朋友：「昨天我看了一部很好看的電影！」（這就是最原始的「一句話」。）

朋友會問：「什麼電影？」

「《福爾摩斯》。」

「誰演的？」

「裘德洛，還有小勞伯道尼。裘德洛真的帥透了，難怪有人說這是『史上最帥的華生』！」

「所以裘德洛是演華生醫生？小勞伯道尼是哪一個啊？我看過他的電影嗎？」

「看過啊，我們上次一起去看的那部《鋼鐵俠》就是他演的，他就是鋼鐵俠。」

「喔，明白了。那《福爾摩斯》這部電影是在講什麼啊？」

「如果你對原著很熟悉，看起來一定會覺得更有意思，裡頭有很多原著裡的人物，譬如艾琳，你記得吧？她是福爾摩斯唯一喜歡過的女生……」

你看，藉著一問一答，現在朋友對於你昨天看的那部電影的了解，已經比「昨天我看了一部很好看的電影！」這句話要來得清楚了吧。

寫作文的時候也是這樣，我們可以讓小朋友先從一句話開始，再讓他們以這句話為基礎，開始自問自答。

語文活動13：從一句話開始作文

關於這個練習，最好能分兩個階段。第一階段，我們給小朋友一個題目，這樣小朋友的腦筋運轉起來能比較有一個著力點。

第一階段：題目——「戶外教學」

讓小朋友先想出一句話。（今天戶外教學很好玩。）

接下來開始「自問自答」——

今天戶外教學是去哪裡？（「小人國」。）

「小人國」在哪裡？（在桃園，坐遊覽車差不多一個多小時就到了，但是我在路上有點暈車。）

「小人國」裡有些什麼？（裡頭好玩的東西可多啦，有吃有喝有玩，當然最好玩的還是那些模型，真的都好精緻好可愛喔！看得我真的好想變成小人跑進去玩一玩。）

我最喜歡哪一個模型呢？（我最喜歡紫禁城。我在很多電影裡都看到過，但是都沒有看得這麼慢、這麼清楚，真希望有一天能去真的紫禁城玩，真的紫金城好像在北京吧？）

……

僅僅是到這裡，我們就已經有了不少素材可寫了——

戶外教學的地點。

路上的情況（譬如暈車……）。

目的的有哪些特色？（有吃有喝有玩……）

我最喜歡的模型？（紫禁城。）

欣賞過這些模型之後的想法？（希望有一天可以去看看真的紫禁城……）

這些線索，每一個都可以發展和擴充，只不過我們當然還是要經過一番考慮，不是每一個想到的東西就一定要寫進作文裡；比方說，既然題目是戶外教學，「到底是去哪裡戶外教學？到底在戶外教學的地方看到了些什麼？」當然應該是重點，在抵達目的的

之前的部分（譬如暈車）就應該節奏快一點，或者根本不提。

第二階段：讓小朋友自由發揮，讓他們愛寫什麼題目就寫什麼題目。

不過，不管他們想寫什麼，都要求他們先寫出一句話，再根據這一句話去慢慢擴充，最後再定一個題目。

舉一個例子。

只要一聞到魚腥味，我就想起外婆。（這是最原始的一句話。）

接下來開始「自問自答」——

為什麼一聞到魚腥味就會想起外婆呢？（因為外婆在基隆漁港附近開了一家海產店。）

你喜歡去外婆家嗎？（喜歡啊，因為我最喜歡吃蝦了！每次一回外婆家，外婆都會煮很多蝦給我吃。）

外婆一定很會做菜嘍？（是啊，不過外婆有請廚師，平常她自己不做的，只有我回去的時候她才會做。小的時候我倒是常常吃外婆做的菜，因為我小的時候跟外婆一起住了六年，而且她那個時候沒有請廚師。）

……

僅僅是到這裡，也已經有不少素材可寫了，譬如——

在基隆漁港的童年。

和外婆之間的情感。

魚腥味的聯想；也許很多人會覺得魚腥味很難聞，可是魚腥味卻能喚起我溫馨的記憶，讓我想起外婆，想起童年。

我長大了，離開了漁港，現在多久才回去一次呢？這幾年來漁港有沒有什麼變化呢？

這些素材，其實如果再深入挖掘一番，素材都挺豐富，可以描寫的角度也不少，譬如——「外婆與我」、「充滿魚腥味的童年」、「漁港今昔」等等。

第八課：養成修改的好習慣

作文需要好習慣。第一個好習慣當然是擬大綱（請見第四章：第二課「如何擬大綱」），其次，還有一個也非常重要的好習慣，那就是修改。

我國大文豪托爾斯泰說：「寫作的祕訣就是修改、修改，再修改。」然而，很多小朋友在寫完一篇作文之後，偏偏連再看第二遍的耐性都沒有，結果有些錯字，也許並不是他真的不會，而只是一種筆誤；又或者有的地方漏了字，也並不是他故意的，而只不過是不小心。可是一篇文章如果不時就出現錯字、漏字，讀起來當然不理想。如果在寫完之後一定修改，就可以避免這些情況。

所以，我們要讓孩子們及早養成寫完作文一定要好好修改的好習慣。

此外，我還建議小朋友在修改的時候，不妨在心裡把作文默念一遍。因為，用默念的方式，對於哪裡有錯字，哪裡有漏字，哪個句子太長、需要標點符號，哪個句子又不太通順，或者哪個句子的意思是不是還沒有表達清楚等等問題，都會比較容易看得出來。

甚至，我覺得在閱讀的時候，如果不要急，也不要貪快，用默念的方式在心裡慢慢念、慢慢讀，不僅比較容易專心，不容易走神，碰到有什麼好的句子、好的比喻或好的意思，也都會比較容易吸收。

語文活動14：挑錯練習

不妨把小朋友常犯的錯誤，收集起來，定期讓孩子們一起來改改看。下面就是幾個例子。

◎小芳的功課很好，也很有領導才能，深受老師和同學們的愛戴。

（「愛戴」這個詞用得不對，只能說老師受到學生的愛戴，不能說學生受到老師的「愛戴」。）

◎妹妹獨自在看電視卡通，看得哄堂大笑。

（「哄堂大笑」用得不對，「一個人大笑」只能用「哈哈大笑」、「捧腹大笑」等等，要「很多人在一間房間裡大笑」才能用「哄堂大笑」。）

◎今天爸爸媽媽為我辦生日會，請了很多客人，家裡真是人山人海。

（「人山人海」用得不對，請問你的家有多大啊？如果是形容一個體育館或是商場人山人海，那還差不多。）

◎爸爸今年四十開外……

（別開玩笑了，四十還是壯年哪，絕不可以「開外」！能「開外」的都是老人家，比方說「六十開外」。）

我的頭髮變形了
今天老師為我們檢
及指甲。老師發現我的頭
了，所以命令我回家簡頭髮。
回到家，我告訴媽媽我必
把頭髮剪短。我要求媽媽帶我去
理髮店剪頭髮。媽媽狠忙，所以

第五章 如何批改作文

第五章 如何批改作文

如何批改作文，這確實是一個大問題。關於這個問題，我有幾點建議：

◎老師不要淪為「縫補工」，不要一直辛辛苦苦地幫孩子們改錯字、補漏字、順句子、加標點符號，經常，老師改了半天，作文發回去之後，小朋友根本連看都不看，那老師所花的力氣就白費了。其實這些事情都是孩子們自己該做的，我們應該要求孩子們養成多查字典、辭典，以及下筆之前先擬妥大綱、寫完以後又能自己修改的習慣。

◎不要為作文打分數。我覺得打分數很容易產生誤導；因為，大人基於鼓勵孩子們

的立場，分數總不可能打得太過嚴格或者應該說「太過真實」，結果一篇明明是一塌糊塗的作文，老師很可能還是會打上八十分啦、八十五分啦，如果剛好又碰到一個知足常樂的孩子，他很可能會覺得，八十幾分好像也還可以了嘛。我覺得，鼓勵孩子固然沒錯，但是太過廉價的讚美，其實對孩子來說未必是好事；一個人唯有知道自己有所不足，才可能會慢慢尋求進步，反過來說，如果經常都是自我感覺良好，那當然就不可能進步了。我們對孩子們畢竟是有責任的，不能整天只是哄著孩子們。

◎既然是改作文，那就應該還是要著重孩子作文的問題，比方說用字遣詞、比喻、中心思想、文字是否流暢等等，而不要一個勁兒地胡誇亂誇一氣，什麼「你好可愛喔！」「你真體貼喔！」「老師好感動喔！」之類，以免模糊了重點。

◎所以，我也很不贊成要孩子們把日記天天交給老師，老師再把日記當成作文來批改，因為這很容易造成混淆。照說每本「日記」的讀者只有一個，就是寫日記的那個人，「日記」主要也應該是一種心情的抒發和紀錄，不適合當成作業，也不適合視為一

種真正意義的作文。在大陸曾經發生過一個真實的校園糾紛：一個六年級的小女生，某一天在日記上發表了一些厭世的思想，甚至表示想跳樓，結果老師給這篇日記打了「甲上」，家長看到以後氣壞了，立刻衝到學校去質問老師：「我的孩子說想跳樓，你居然給她『甲上』，難道是鼓勵她真的去跳樓嗎？」老師的解釋是，因為那篇日記寫得語句很流暢，也沒有錯字，所以才會給「甲上」，當然不是鼓勵孩子去跳樓。這就是一個典型的在批改上容易發生混淆的例子。

◎改作文時不要用紅筆，用藍筆。這本來是我自己的習慣，因為我覺得紅色的批改在視覺上好像比較刺激，後來有一次我無意中讀到一篇報導，說國外有科學家研究，紅筆批改確實比較容易激起孩子受傷、排斥等情緒，但是藍筆就溫和得多，我這才知道原

來用藍筆批改還是有科學根據的。其次，我通常所謂的批改，只是把錯字圈出來，再把不通順、以及意思不清楚的句子畫線，提醒小朋友自己去改。

◎我覺得卷面批改作文，就是說如果只是寫上「構思新穎」、「立意良好」或「主題不明」、「缺乏重點」等評語，不會有多大的效果，可是如果能在看過孩子們的作文之後，面對面的和他們交談一下，效果就會好得多。因為，孩子們的作文經常都是話只說一半，還有一半藏在肚子裡，懶得說、或是忘了說，很需要老師的提醒和引導。

結語 給老師的一點建議

我把這幾年帶小朋友寫作營的心得都大致整理在這裡了，希望能對大家有一點參考作用。最後，我還想建議老師們幾件事：

・語文程度的累積，和作文能力的提升，不可能速成，老師們自己本身不能急，在設計教案時要有一個完整、系列性的規畫，初

期不妨多以一些語文活動來帶動孩子們的學習興趣，盡量尋求活潑生動的教學方式，總之，指導孩子們作文（特別是在初期階段），絕不是非要一天到晚逼著孩子們坐在那裡寫來寫去不可，事實上，那樣也許反而會適得其反。

・指導孩子們作文一定要注意因材施教，因為孩子們的語文程度和能力往往差別很大，如果沒有辦法按能力和程度分班，至少要有和孩子們個別討論他們作文的機會，這樣才能夠做比較適切的指導。

・老師們在出作文題目的時候，要多花些心思；好的作文題目（一般是比較生活化、或者是比較好玩的題目），比較容易激發孩

子們的聯想和寫作興趣，孩子們也比較容易入手，比較清楚自己的生活中有哪些可以發揮的素材，這樣其實也是在加強他們的信心。

・老師本身也要有寫東西的習慣；不一定非要文學創作，寫寫教學手記之類就很好，總之，老師本身如果有寫東西的習慣，對於一篇文章如何產生、中間會碰到哪些困難，就都會比較敏感，這麼一來，我們在指導孩子們作文的時候也就會比較具體，而不至於過分流於理論了。

國家圖書館出版品預行編目資料

作文教學有高招／管家琪作；陳又凌繪圖.--
初版. -- 台北市： 幼獅, 2010.07
面； 公分. --（新High師生手冊；21）

ISBN 978-957-574-776-3（平裝）
1. 漢語教學 2. 作文 3. 寫作法 4. 小學教學

523.313 99010809

新High師生手冊 21

作文教學有高招

作　　者＝管家琪
繪　　圖＝陳又凌
出 版 者＝幼獅文化事業股份有限公司
發 行 人＝李鍾桂
總 經 理＝廖翰聲
總 編 輯＝劉淑華
主　　編＝林泊瑜
美術編輯＝李祥銘
總 公 司＝10045台北市重慶南路1段66-1號3樓
電　　話＝(02)2311-2836
傳　　真＝(02)2311-5368
郵政劃撥＝00033368

門市
●松江展示中心：10422台北市松江路219號
電話：(02)2502-5858轉734 傳真：(02)2503-6601
●苗栗育達店：36143苗栗縣造橋鄉談文村學府路168號（育達商業科技大學內）
電話：(037)652-191 傳真：(037)652-251

印　　刷＝崇寶彩藝製版印刷股份有限公司
定　　價＝250元
港　　幣＝83元
初　　版＝2010.07
書　　號＝916104

幼獅樂讀網
http://www.youth.com.tw
e-mail:customer@youth.com.tw

行政院新聞局核准登記證局版台業字第0143號

幼獅文化公司／讀者服務卡／

感謝您購買幼獅公司出版的好書！
為提升服務品質與出版更優質的圖書，敬請撥冗填寫後（免貼郵票）擲寄本公司，或傳真（傳真電話02-23115368），我們將參考您的意見、分享您的觀點，出版更多的好書。並不定期提供您相關書訊、活動、特惠專案等。謝謝！

基本資料

姓名：……………………先生／小姐

婚姻狀況：□已婚 □未婚　職業：□學生 □公教 □上班族 □家管 □其他

出生：民國……………年……………月……………日

電話：（公）……………（宅）……………（手機）……………

e-mail：……………………

聯絡地址：……………………

1.您所購買的書名：**作文教學有高招**

2.您通常以何種方式購書?：□1.書店買書 □2.網路購書 □3.傳真訂購 □4.郵局劃撥
（可複選） □5.幼獅門市 □6.團體訂購 □7.其他

3.您是否曾買過幼獅其他出版品：□是，□1.圖書 □2.幼獅文藝 □3.幼獅少年
□否

4.您從何處得知本書訊息：□1.師長介紹 □2.朋友介紹 □3.幼獅少年雜誌
（可複選） □4.幼獅文藝雜誌 □5.報章雜誌書評介紹……………報
□6.DM傳單、海報 □7.書店 □8.廣播(　　　　)
□9.電子報、edm □10.其他……………

5.您喜歡本書的原因：□1.作者 □2.書名 □3.內容 □4.封面設計 □5.其他

6.您不喜歡本書的原因：□1.作者 □2.書名 □3.內容 □4.封面設計 □5.其他

7.您希望得知的出版訊息：□1.青少年讀物 □2.兒童讀物 □3.親子叢書
□4.教師充電系列 □5.其他

8.您覺得本書的價格：□1.偏高 □2.合理 □3.偏低

9.讀完本書後您覺得：□1.很有收穫 □2.有收穫 □3.收穫不多 □4.沒收穫

10.敬請推薦親友，共同加入我們的閱讀計畫，我們將適時寄送相關書訊，以豐富書香與心靈的空間：

(1)姓名……………e-mail……………電話……………

(2)姓名……………e-mail……………電話……………

(3)姓名……………e-mail……………電話……………

11.您對本書或本公司的建議：

廣　告　回　信
台北郵局登記證
台北廣字第942號

請直接投郵　免貼郵票

10045　台北市重慶南路一段66-1號3樓

幼獅文化事業股份有限公司

請沿虛線對折寄回

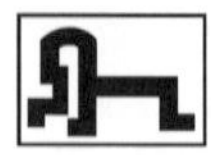

客服專線：02-23112836分機208　傳真：02-23115368

e-mail：customer@youth.com.tw

幼獅樂讀網http：//www.youth.com.tw